「學人」搞社創 2.0

中大研究及知識轉移服務處 著

目錄

前言

香港中文大學（中大）研究及知識轉移服務處（ORKTS，研轉處）致力於推動「學人搞社創」及創科創業，旨在鼓勵學者將研究成果轉化為實際應用，創立社創項目或社會企業以惠及社會。這一理念以中大為起點，由中大學者、學生、校友和各界持份者共同發揮創造力，透過創新創業貢獻社會。

「學人搞社創」代表學者們直面社會多元問題，以創意思維和跨學科合作為核心，致力推動社會創新。這一過程需要在不同方面的支援，包括理念孵化、專業諮詢及資金支持等。

本書收錄 16 位中大學人的精華故事，橫跨多個學系，包括建築、文物館、生命科學、教育、新聞傳播、社會工作、信息工程、護理、言語治療、文化及宗教研究等。這些學者以社創項目或社會企業方式，將知識貢獻於社會，推動社會發展。

書中內容分為 5 個章節：創意思維、環境保育、社區共融、身心健康和生活文化。每一章節都展現了中大學人們在不同領域的創新實踐和社會影響。這些故事不僅分享了學人們進入社區的初心，也揭示了他們的人生經歷、成長、成功與挫折，讓大眾窺見學術殿堂內學人背後不一樣的生命旅程。

我們提倡跨界別合作以促進正面的社會影響。本書亦記載知識轉移學生大使的參與情況——來自不同學科的學生發揮專長，並在彼此心中種下創新與創業的種子，成為校園與社會之間的重要橋樑。每篇文章均附有由學生製作的精華短片，歡迎掃描二維碼，欣賞及讚好學生們的作品！

透過這本書，讀者不僅能理解中大學者們如何透過跨學科合作與創新思維，為社會帶來多元影響，更能見證「社創」精神在不同領域的實踐和傳承。

中大研究及知識轉移服務處

YouTube 頻道

序一 中大副校長（研究）、卓敏生物醫學講座教授岑美霞教授

知識為光，創新為橋：從學術探索到社會實踐

香港中文大學作為學術發展、創新研究與人文科學的交匯點，結合中國人文精神和西方博雅教育傳統，一直積極為社會帶來貢獻。學術是理性的探索，是嚴謹的邏輯與實驗的結晶；而人文則是感性的關懷，是對社會、對生命的深刻理解與共情。我們正處於一個急速變化的時代，科技顛覆傳統、環境挑戰加劇、社會需求日新月異……學術機構的角色不僅是知識的生產者，更應是未來方向的探索者。

知識落地，創新共鳴

知識轉移與社會創新（社創）之間的關係是相互促進的。知識轉移是指將學術研究成果轉化為實際應用，惠及社會，而社創則是通過創新的方式回應社會需求，提升社群的幸福感。

中大在 20 年前已經領先於同行，自 2009 年起持續推動知識轉移項目，成功將研究成果落地社區，成為推動學術成果應用於實際的先驅。這些項目由研究及知識轉移服務處（ORKTS）等多個部門共同推動，包括博群社會企業起動計劃（SESS）、創業研究中心（CfE）、創新科技中心（CINTEC）等。這些部門的協同努力，為

知識轉移提供了強大的支持基礎。同時，知識轉移項目基金（KPF）和可持續知識轉移項目基金（S-KPF）是中大推動知識轉移的重要工具。這些基金支持教研人員將研究成果轉化為社會企業及社創項目，創造可持續的社會效益。通過跨學科合作和知識轉移，中大學者成功孵化出多元的社創項目，惠及無數社群。

在這本書中，不乏中大學者與社區共創「新未來」的故事——他們以協作實踐貫穿對弱勢群體的關懷、對身心健康的科學探索，以及對人與環境關係的深刻反思。他們的故事，展現了中大作為一所綜合性研究型大學的多元視野與社會責任。中大精神從未局限於論文的頁碼之間，而是扎根於社區，生長於人群。

研究就像「在黑暗中摸索光」，求索之路，往往從不確定的起點開始。任何一項重大的科學發現，都經歷過反覆推敲；任何一項影響深遠的社會研究，都曾面對錯綜複雜的現實挑戰。翻閱書稿時，最觸動我的是學者們坦然分享的「困難時刻」。有人因實驗失敗而陷入自我懷疑，有人因社會偏見質疑研究價值，更有人在理想與現實的夾縫中掙扎。但正是這些裂痕，讓光得以照入。我深信，學術的韌性不僅來自智識的積累，更源於面對困難時堅定不移的信念。

跨學科合作的未來

近年全球經歷多重挑戰，更突顯跨學科研究的公共價值。當氣候科學家在格陵蘭冰原鑽取岩芯時，人文學者正用口述歷史記錄島民消逝的生存智慧；當醫學院團隊研發新型疫苗時，法律學者已在起草全球健康治理的倫理框架。跨學科研究打破傳統學科的壁壘，促進不同領域的協作、知識的融合與創新。

《學人搞社創 2.0》是一封寄給未來的書信：它告訴我們，學術之路不必是孤高的獨行橋，而可以是眾人攜手前進的旅途。願這本書成為一面鏡子，映照出學術工作最本真的模樣——既是理性的追尋，亦是感性的共鳴；既是邏輯的推演，亦是生命的共情。

序二　中大研究及知識轉移服務處處長徐仲鍈教授

擁抱創業精神，以創科創新引領未來

在這個快速變化的世界中，創科創新已經成為推動社會進步和經濟發展的重要引擎。香港特區政府積極推動創科發展，通過《香港創新科技發展藍圖》等政策，完善創科生態圈，壯大創科人才庫，推動數字經濟發展。這些努力為香港的創科創新發展提供了強大的支持，也為我們提供了無限的機會。

香港中文大學一直致力於推動知識轉移和社會創新，將學術研究成果應用於實際問題，為社會帶來積極影響。研究及知識轉移服務處協助教授將大學研究成果轉化為創新方案，服務包括資助申請、產學合作、研究合同、知識產權開發、申請專利和授權等，旨在「解鎖」知識，推動中大的研究卓越和創新，並進一步推動科研成果的產業化。這些努力不僅為社會帶來了新的技術和產品，也為企業提供了創新的解決方案，推動產業的升級和發展。

知識轉移與社會創新

兩年前我們首次出版《學人搞社創》一書，收錄我們努力將研究轉化的重要成果，讓讀者了解中大學者的人文初心，得到不少正面迴響。今年再出版《學人搞社創 2.0》，這本書收錄了中大學者的精華故事，橫跨創意思維、環境保育、社區共融、身心健康和生活文化五個領域。這些學者不僅在各自領域中取得卓越成就，更將自己的專業知識應用於社會創新，為弱勢社群、身心健康、人與環境以及生活文化等領域提供了新思路和解決方案。

「書中自有黃金屋」，這句古語在《學人搞社創 2.0》中得到了全新的詮釋。本書展示了中大學人以醫創、文創、科創、社創等多元方式回應社會的最新趨勢，同時見證了知識轉移學生大使走入社區，從全新的角度了解中大學者如何透過創業和創新項目，落實跨學科和跨組織合作共創的過程。這些努力不僅體現中大的社會責任感，也傳承大學的人文價值，將學術成果轉化為惠及社會的財富。

擁抱創業精神，積極參與行動

未來，我們將繼續推動知識轉移和社會創新，與更多的學者、企業和社區合作，共同創造更美好的社會。本書是我們的一個重要里程碑，希望它能夠激勵更多人加入社會創新的行列，共同為社會帶來積極的變革。

我鼓勵大家擁抱創業精神，一起改變社會，一起進步。創業不僅是一種商業活動，更是一種生活方式。它需要勇氣、創新和堅持。通過擁抱創業精神，我們可以將自己的想法轉化為現實，為社會帶來新的價值。最後，我期盼各位繼續堅持不懈地推動知識轉移和社會創新，讓學術成果成為大眾利益，惠及廣大民眾，為社會的可持續發展作出貢獻。

第一章

創意思維

Creativity

姚進莊

邵鵬柱

「酵母」建築師談中大創博館創作理念，引領本港社區設計項目新嘗試

01

社區設計（Community design）由社區規劃師、建築師、政府及社區成員共同參與，增進各方了解社區的需求及挑戰，挖掘社區街坊的多元見解，共創社區建設。日本社區設計界先驅山崎亮指出，社區設計並非新概念，早在 20 世紀 60 年代，歐美的都市計劃專家就已經提出。他進一步將其細分為社區設計 1.0（為社區設計的公共建築）、2.0（與社區一起建設公共建築）與 3.0（與社區一起建設生活方式）。他推崇的社區設計 3.0「不侷限於設計公共建築，而是以讓大眾聚在一起、展開對話為目標，並一同構思他們想要如何一起生活」。

近年來，本港大力推廣創業，中大創業生態的氛圍愈發濃厚。2019 年 7 月，創業基地創博館（InnoPort）建成，裝潢設計日益豐富完備，影響力不斷提升，是中大師生、校友共創的成果。不同機構、社企在 InnoPort 已舉辦超過 3,200 場活動，包括學生初創公司的產品介紹會、各類創業比賽、跨學科合作論壇及研討會等。

創業 10 年，走過高山低谷，香港建築中心主席、InnoPort 設計師、中大建築學院校友梅詩華（Sarah）與我們談及 InnoPort 的設計理念，也分享社區設計的經歷與心得。

「One Bite at a Time」

2014 年，Sarah 成立設計公司一口設計工作室（One Bite Design

Studio）。市面上設計公司會派出設計師直接開始設計，不過在 One Bite，大家更著重持份者可以參與的過程，所以往往由跨專業成員一起出動，和大家一起設計自己的地方空間。Sarah 認為，設計不能一步登天，沒辦法一次就讓人滿意，所以「one bite at a time」（一次一啖）就夠了，之後可以慢慢累積經驗，爭取更多預算，實現更大的社會影響（Social impact）。這也是公司名稱的由來。「每個項目都是一bite，這一 bite 會讓大家一起品嚐設計，『試一啖』就會有得著，到第二個項目就變『大啖』些，再之後再『大啖』些。到了第五六個項目的時候，除了影響到一個 client（客戶）之外，也帶動 industry（業界）的其他 clients 一起思考。」

One Bite 的團隊人才濟濟，來自不同背景：建築專業、社區參與、策展管理等等。帶領團隊接手一個接一個項目，Sarah 形容自己在不斷調整心態，協調團隊的願景。從中她也磨練了自己許多軟技能，比如溝通能力，讓靈感充實自己，成為工作動力。

「我好似社區的酵母」

社區設計師的工作是什麼？遊走在政府相關公共機構、非牟利組織、社區團體、周邊發展商、小型企業、設計師、研究團隊之間，Sarah 由心出發，收集各人的願望，學習透過不同的語言，以溝通促成不同持份者的互相理解。

上：由 Sarah 與拍檔二人創業，到現在管理 30 多位同事，她坦言並不容易：「與人溝通，其實是要學習怎樣去聆聽大家背後需要的東西。」（圖片提供：一口設計工作室）

下：Sarah 由心出發，深入社區，了解不同持份者的想法。（圖片提供：一口設計工作室）

與創業家一樣，社區設計師的質素比資歷更重要，對持份者沒有歧視和觀念上的偏見。他們具好奇心和同理心去理解所有事實和經歷、抱持開放和樂觀的態度、積極想像未來的願景。他們勇於實驗，不斷嘗試，接受失敗並從中學習；熱衷於與伙伴合作，實踐綜合思維；承諾走進並深入社區，琢磨社區營造的智慧，而不是只待在辦公室裡。

Sarah 形容自己是社區設計中的酵母：「酵母幫助發酵，完成了之後就只有好香的麵包，但酵母已經不見了。我們參與不同項目，落不同社區，永遠都只限於一段時間。我們希望可以在過程中 connect（連結）到大家。雖然酵母會消失，但是空間會繼續承載未來，繼續向前走。我們很願意同有心單位一起合作，盡力建立連結，焗好每個麵包。」

Sarah 喜歡與不同年齡、背景的街坊交流，傾聽他們的心聲。「大家說的好似一樣，但其實都不同的。究竟大家覺得什麼叫好玩，什麼叫 timeless（永恆），設計師就可以同大家一起 create common ground（建立共同基礎）。設計師也能幫忙 translate（轉化）他們的想法，他們就能進一步 empower（賦能）這個計劃。」

每個社區的設計，應該是居民共同參與的過程。這樣的理念，讓我們想起由 Sarah 參與設計的另一個項目華富大廳：一個集資訊、悠閒、活動為一體的綜合性公共空間，也是一個讓人們可以停下腳步、找到片刻安寧的棲息之所。在這裡，居民可以參與由非牟利機構組織的工

上：由小時在華富邨長大的少數族裔藝術家 Rida 與街坊攜手打造的藝術畫（圖片提供：ORKTS）

下：一口設計工作室伙拍社區伙伴（Partnerships for Community Development），合辦深水埗植物圖書館（Community Plant Library）。（圖片提供：一口設計工作室）

作坊，獲取最新的重建資訊，甚至在藝術畫布上描繪對華富邨的憧憬。

Sarah 和她的團隊通過一幅幅畫、一塊塊展板、一個個模型，回顧華富邨的悠久歷史，更幫助居民理解重建的過程。大廳內部區域的展示板提供詳盡的四步重建資訊，居民不僅可以了解計劃進度，還可以直觀地看到新屋邨的未來樣貌。

設計是一門平衡天馬行空與實際情況的藝術與挑戰。Sarah 講述社區設計項目中的許多挫敗，她積極與不同單位溝通，落力推動項目。

「有人說『不行，因為什麼什麼』。有人就說『好需要，因為什麼什麼』。大家的 why（為什麼）一定會有些 common ground（共同基礎），但是中間會有不同程度的 compromise（妥協）。社會參與時要堅持項目的 transparency（透明度）。我不會承諾說『你們說什麼我們就能做到』。大家都知道需要溝通。比如有的事情在建築上做不到，我就會說：『我們都好想這樣，但可能材料上真的不行。』」

從中大到社區

Sarah 從中大畢業走進社區，團隊的足跡遍佈全港社區，項目包括屯門兆禧苑遊玩空間天台項目、華富大廳等。團隊經研究發現，在地少人多的香港，公共屋邨其實有 20 幾萬呎天台可以改造利用。「香港就這麼

位於上環的《壹屋計劃》透過生活化主題「衣、食、住、行、分享」及簡單的設計元素，改造臨時空間以配合不同類型活動的需要，連結閒置空間及社區。（圖片提供：一口設計工作室）

大，有時候就只有窗外這一格天空，設計師可以設計出令大家愉悅的環境，讓大家願意往窗外望，就已足夠了。」

每次說起屯門兆禧苑遊玩空間天台項目，Sarah 也難忍在鏡頭前，流露出內心的激動。有一次，她偶然得知，大學同學的家人之前就住在那個屋苑。同學又驚喜又感動：「沒想過，從自己家的窗口看出來，原來會是這麼漂亮的！」

這次的設計，更加堅定她做社會項目的決心。「每一個項目的小小感動，都推動我們繼續思考：香港有多少空間可以做這樣的設計？我們會想像

屯門兆禧苑遊玩空間天台項目完成後成為熱門打卡點，以及電視劇《季前賽》拍攝取景場地。充滿活力的設計既鼓勵男女老少多做運動，也在有限空間實現多功能利用。（圖片提供：一口設計工作室）

慢慢累積『一啖一啖』，可以 advocate（倡導），為什麼我們不能做更多呢？」

一個建築師的誕生

為何從事設計？Sarah 談起自己在中學選修通識教育科時做了與建築相關的研究，激發了她對建築學的興趣。

「我覺得建築好有趣，建築是可以接觸到我們每一日生活，同時也涉及城市發展，串連歷史與文化，過去、今日與將來。因為一個建築，它真會留在這裡很多年，可能幾十，甚至到 100 多年的時間。我們如何可以給不同年代的人都享受到建築帶來的樂趣，或者帶來的生活體驗？建築幫助我們理解身邊的環境，大到一個城市的發展，小到每個人的生活質素。」於是，喜愛畫圖、數理的她考入中大建築學院，畢業之後又到英國倫敦大學巴特利特（The Bartlett School of Architecture）建築學院進修。

剛開始修讀建築學，Sarah 就被其工作量震懾。「建築其實是考驗你是否需要瞓覺！開學兩三個禮拜，已經要做功課做到好夜。」但她非常喜歡建築學的學習模式，享受與同學之間的交流。「沒有一個學科是不需要考試，每日只是畫公仔、砌模型、講話、閱讀。」讀書之餘，Sarah 也心繫社會，一放假就去做義工，奠定了她在未來工作中保持貼地的風格，追求拉近人與建築設計的關係。

源於 InnoPort

讀書年代時，Sarah 常常經過 InnoPort 的前身博文苑（Inter–University Hall）。博文苑曾為崇基學院的教職員宿舍，由本港設計師范文照匠心打造，其中建築的毛石外牆是中大早期建築的獨特風格（崇基學院禮拜堂、牟路思怡圖書館等建築也保留此元素）。建築的精緻與有趣給 Sarah 留下了深刻的印象。

InnoPort 保留博文苑的原有建築，修改的則是室內的佈局與設計。Sarah 提到：「其中一個想法就是『打返開佢』。如果令一個學生願意來，或者大家願意來做事，首先要有空曠感，有多點位置讓陽光進來。這是那時候我其中一個好深刻的想法。」每一層都有自己的主題色調，如 G 層是藍色，1 層是黃色，2 層是綠色。Sarah 希望用家來到 InnoPort 能在每一層獲得不同的感受，也能辨別出自己在哪裡。

設計完工後，Sarah 也以主講嘉賓的身份參與了許多在 InnoPort 舉辦的活動。再次見到自己的作品，Sarah 驚喜地發現樓梯的牆上多了許多塗鴉。2019 年，中大學生走進 InnoPort，在共融共創的氛圍中，參與內牆塗鴉的設計。「我最鍾意 InnoPort 的設計，反而不是我自己的，而是樓梯的塗鴉（由 WePaint 菁然社企創作）。這個空間有種生氣，

上：Sarah 首次接到來自母校中大項目，先設計了伍宜孫書院的創意實驗室（c!ab），又改造了 Cafe330（原坐落於 YIA 1 樓）的佈局。InnoPort 是她在中大的第三「bite」。（圖片提供：受訪者）

下：博文苑的毛石外牆（圖片提供：ORKTS）

上：InnoPort 樓梯牆上的塗鴉，使空間充滿生命活力。Sarah 深情寄語：「希望大家能繼續營造這樣一個 free space，讓大家可以創業，或嘗試一些理念。我覺得大學是一個適合大家做 experiment 的地方，just try it。我相信中大的同學、老師、校友都能一起繼續做好這件事。」（圖片提供：ORKTS）

下：一口設計工作室策展的西貢海藝術節 2023 榮獲「2024 新加坡好設計標誌獎項（體驗設計）」（Singapore Good Design Mark）及「2024 金點設計獎標章（整合設計類別）」金點設計獎（Golden Pin Design Award）。藝術節結合西貢海的歷史、文化、古蹟、自然景觀和藝術品。（圖片提供：一口設計工作室）

令每個人都可以投入其中。」空間不應該是一成不變的，InnoPort 會因應用家需要，改變間格和用途。

麵包的製作工序中，發酵只是其中一環。控制適宜的溫度、濕度、時間，把控酵母、麵粉與水的分量，一塊蓬鬆、風味獨特的麵包才有機會誕生。

初創的幼芽在中大接連萌發。InnoPort 通過提供場地與資助，令中大創業生態愈來愈成熟。InnoPort 超越實體的建築與設計，已經成為中大「創新」、「社創」、「創業」等概念的標誌。Sarah 樂見 InnoPort 的成長，也希望後來者再創突破。「我期待從師弟師妹身上學到東西。」

社創的種子在香港落地生根。社區設計及建設引起愈來愈多市民關注。居住空間有限固然是問題所在。社區作為大家「延伸」的家，通過合理設計與利用，既促進了市民的參與，也增加了社區的活力。遠至西貢海藝術節，近到各屋苑，Sarah 將繼續在社會創新之路上探索前行。

文物館館長談知識轉移，倡跨學科戰略合作[1]

02

1 原文寫於 2023 年 10 月，部分受訪者原話因指涉日期而略為修改。

為什麼當你走到歐洲，很自然想逛逛博物館？前香港藝術學院院長茹國烈在《城市如何文化》一書指，文化是「記憶」，是關於回憶和經驗的保存，亦與科技息息相關。一條街上可以同時存在 500 年前的建築、200 年前的紀念碑、100 年前興建的學校，校內學生朗誦 2000 年前的詩歌，錄成影片，放上互聯網流傳，保存著城市不同年代的「信念和價值觀」、「日常生活風格」和「藝術與創造」，構成「文化光譜」（BEAM）。

四時風光變化萬千，已有 52 年歷史、擁有超過 16000 件珍品的中大文物館，屹立山城，將研究和專業知識結合，激勵公眾參與，致力弘揚中國文化。在館長姚進莊教授（Prof. Josh Yiu）的帶領下，文物館「時光藝遊舊香港」項目於 2022 年贏得國際博物館協會大學博物館與藏品委員會（ICOM–UMAC）的 UMAC Award 大獎，為首間東亞地區大學博物館獲得此殊榮。

1971 年秋，文物館成立。讓我們憶故談今，走進館長的世界，探討博物館如何透過可持續發展，發揮社會影響力，致知「格物創新」。

館長的藝術之路

採訪當日，Josh 佩戴的館徽引人注目。與很多博物館特別設計的館徽不同，中大文物館直接將館藏的漢代印章作為館徽。把文物戴在身上，與歷史緊密相連，這不正是「文物人」的浪漫？

Josh 對藝術的興趣源於陶瓷，年少時天天沉醉於陶藝學習和創作，連睡前都在想明天要做的作品。沿著這場藝術修行，Josh 走到美國芝加哥大學（University of Chicago），這間博雅學院（Liberal arts college）重視文理教育，規定學生修讀不同種類的科目，以汲取人文、科學及社科等領域的博通知識。原計劃讀成績較好的物理，卻因一門藝術史課，Josh 毅然改讀藝術史。

相比時下年輕人流行「斜槓」人生，Josh 一直在博物館專業發展。「我的歷程給人感覺很悶吧？進入博物館之後就沒有離開過了。」他完成碩士學位後，在牛津大學（University of Oxford）讀研究院完成博士學位，其後在西雅圖藝術博物館（Seattle Art Museum），做了七年的中國藝術部主任，回港後加入中大文物館兼教藝術史。2023 年，是他任職館長的十週年。

「求學時期都有不少顧慮與疑惑，畢竟文物研究的出路並不寬，不是投身博物館或教學，就是投身商界、畫廊或拍賣行。很幸運地，那些疑惑都不足以令我從事別的行業，於是我繼續做下去。現在回想過去 20 年，我是比較幸運的。中大院校氛圍非常好，除了研究文物，還可以與很多學者合作，這是無價的。」

上：文物館門外，連接著中國文化研究所。池水波光，映照花草魚石，甚是雅致。Josh 娓娓道來：「這裡建築甚為考究，以中國傳統四合院為設計，曾參考著名建築師貝聿銘先生提供之意見而建。」（圖片提供：ORKTS）

下：訪問當天，我們巧遇文物館技工陳子良先生，他興高采烈分享：「我加入中大 60 年了！這雕像就是創校校長李卓敏博士！」中國美術館館長、國際著名雕塑藝術家吳為山教授為李博士造像，當年建議在李先生旁種樹，寓意「前人種樹，後人乘涼」。（圖片提供：ORKTS）

從文物研究看知識轉移

作為館長，Josh 是將文物發揚光大的推手，他認為博物館在知識轉移發揮很大功用。「做研究、發表文章、出展覽圖錄、出書、策展，這些都是大家比較熟悉的不二法門。但今時今日，我們不會標榜自己是專家，因為其實一件文物，包含的知識量有不同的層面。例如研究青銅鏡，不只是從藝術、考古的角度去了解，我們會邀請化學系同事和同學解構當中物質，研究成分在不同時代的轉變，從而發掘新的訊息。」

「一般觀眾走入博物館，很多時候只是想看有趣又精美的東西。比如古代黃金工藝，觀眾第一時間會驚嘆『哇，古代黃金好靚』，但我們透過策展，讓大眾了解古代如何製造金絲、巧妙的鑄法、對比不同時期的成色和風格、兩件文物之間有怎樣的聯繫。觀眾會發現增長了知識，透過寫 blog（網誌）或社交媒體，將所吸收的知識傳播開去。」

「文」的意義——連接與橋樑

中大自創校起即肩負「結合傳統與現代，融會中國與西方」的使命。據校史館資料，創校校長李卓敏在 1978 年中大第 19 屆頒授學位典禮上，曾解釋中文大學是指傳揚中國文化的大學。大學校訓「博文約禮」中的第二個字「文」，並不指狹義的文科，而是包括了一切學科。

如何做好知識轉移？Josh 續說：「我們希望將文物館打造成一個很多元、跨學科研究的機構。過去幾年，我們都強調和其他不同學術部門進行戰略合作。最近，我們與計算機科學與工程學系合作，探討人工智能與藝術文化。王羲之書法享負盛名，整篇《蘭亭序》只有 324 個字，扣除重複的字，只餘 200 多字。想書法入門學生或者書家，想學寫王羲之的字體，其實可靠的版本非常少。位於這個 AI 世代，我們利用文物館收藏的宋朝拓本《蘭亭序》，看能不能通過人工智能進行深度學習，建構一個王羲之字體數據庫，繼而寫出你和我的名字。這計劃獨特之處就是透過人工智能學習中國書法，也可反過來說，透過中國書法學習人

中大醫學院與中大文物館攜手推出「文物觀賞課程」，以提升醫科生在觀察、手部觸感及表達方面的能力。前醫學院院長陳家亮教授表示，此課程能夠幫助醫科生有更全面的發展，在將來可以更好地照顧病患。（圖片提供：中大醫學院）

工智能，我們殷切期待成果。」

你可曾想過，藝術培訓能影響行醫？耶魯大學醫學院（Yale School of Medicine）與耶魯大學英國藝術中心（Yale Center for British Art）曾合作，在醫學期刊 *Clinical Orthopaedics and Related Research* 發表研究報告指出，原來讓醫科生多觀賞油畫，可以訓練觀察力，提升診症能力，後來校方更將文物導賞納入醫科生必修課。

「其實他們做到，我們香港也可以做到。於是我主動聯絡醫學院的院長和教授，慶幸他們不少都對藝術非常感興趣，甚至是收藏家。我與本身是國畫畫家的醫學院院長趙偉仁教授，一同開展興趣班。體驗過後，學生告訴我，看一個文物，本來以為它只是一個有顏色的筆筒，沒什麼特別，但從顏料卻感受到釉上彩的質感；看一件玉器，見到一些『裂紋』，原來不是裂紋，是原石上存在的石紋。這令他們明白，人的視覺、觸覺和聯想，或會出現錯誤判斷。診症時，何嘗不是同樣情況？」

觀察入微，是醫科生必備的核心能力。中大率先將「文物觀賞」融入醫學教育，現在，文物館與醫學院合辦「文物導賞課程」供醫科生修讀，例如透過繪畫國畫，訓練學生將平面圖像變成立體的思維，當應用在手術方面，看內窺鏡和電腦掃描圖，更易聯想實際物理情況。

博物館如何創新

全世界熱論藝術科技（Art Tech）變革，不斷追科技，就可以令文物館不「old school」嗎？創館 52 年，如何猶如文物歷久不衰？

Josh 推人文科技並重，細說其思維方針指：「人人將 Art Tech 掛在口邊，因為是個大趨勢。我和文物館同仁卻認為，花百萬元做沉浸式視覺效果，成果是否比做實體展覽理想呢？我們的館業不是走在科技最前端，科技只是輔助性質。用科技做話題是否博物館的專長？」

文物館的獲獎研究項目「時光藝遊舊香港」展示 1940 年代到 1970 年代的繪畫和照片。進入網站，可以對比城市景觀古今，彷彿站在畫家的角度看香港。（圖片來源：Google Arts & Culture）

「在博物館界，我們有個共識：如果應用到現時科技，已是一件了不起的事。其實現時不少先進科技都是免費公開資源，例如 Google 藝術與文化——街景（Street View — Google Arts & Culture）不但可以將館藏連結街景，亦可成為線上數據庫，更可延長展覽的『壽命』，我們研究者都感覺好新鮮、很有趣。」

大學內的研究型博物館，如何締造文化驅動力？

2023 年是中大 60 週年鑽禧校慶，文物館與北京故宮博物院合辦「宋拓魅力——碑帖珍本特展」。其實文物館是香港第一間和北京故宮博物院合作的公家機構，雙方合作關係超過 37 年，1984 年首次舉辦「清代揚州畫家作品展覽」、2015 年將伊斯蘭玉器運港作首度公展「仙工奇製——故宮博物院藏痕都斯坦玉器精品展」。

「如何將香港打造成一個藝術文化之都？不少人認為，我們要將其他重要館藏帶來香港，讓香港作為中西文化交流的橋樑，將世界各地文物展示給觀眾。但是我心裡想，要將香港變成世界認可的文化之都，其實要將香港擁有的珍品，帶出香港。所以，我們將文物館的鎮館之寶及過往研究成果，首次帶到北京故宮。」

「這幾年，我們特別主張透過建立不同的機構合作（Institutional partnerships），做到更大層面上的 social impact（社會影響）。除了

Josh 笑說：「做展覽是一個動機，讓我們呈現研究成果，這份執著就是我們與其他博物館的區別。」（圖片提供：ORKTS）

與內地交流，我們亦與國外機構合作。2023 年 4 月，我們與芝加哥藝術博物館（Art Institute of Chicago）合辦呂壽琨作品展，將中國巨匠的藝術作品帶到美國。文物館的收藏都是古代的中國藝術文化，這就是說好香港故事，說好中華文化故事，亦盡了我們做本地學者的責任。」

文物館為社會帶來的貢獻，正解說博物館是如何對應可持續發展目標。透過專業的文物編目管理和保存修護，為大眾提供「優質教育」（Quality education）；透過推廣文物創新項目，達至建立「工業、創新和基礎設施」（Industry, innovation, and infrastructure）；透過展覽設計提升觀眾身心靈滿足，促進大眾「良好健康與福祉」（Good health and well-being）；透過學術交流和提供教育推廣，建立「促進實現目標的伙伴關係」（Partnerships for the goals）。

堅守力度，迎難而上

與「科研人」不同，初出茅廬都可以一鳴驚人；在文物研究界，學者年紀愈大，累積經驗愈多，研究成果就愈好。但在香港這個商業社會，Josh 都與「科研人」一樣，遇上追 KPI（績效指標）、找資金的問題。

Josh 相信團結就是力量，與知音人並肩，同行解困。「首先要找到志同道合的人，慶幸文物館得到基金會、慈善家、收藏家的照顧。當他發現你是幫助他研究一些解決不了的問題，例如文物在何時出現，大家一起鑽研時，他們會很雀躍、很興奮。在大學環境比較適合做中國藝術研究，因為這方面的知音人不少。」

贊助人會質疑，展覽預期入場人數多少、有何影響力，Josh 一語道破：「KPI 數據固然重要，但不要忘記，我們要清楚事情本身就是值得做，建立城市文化底蘊是需要時間的。當我們想推動藝術文化教育，真正做到知識轉移，我們一開始就要真真正正相信自己的理念。就像培養小孩學鋼琴，一時三刻未必有成果，但其實訓練是終身受益。我們不同的人各有自己的崗位，每人推一步，整個社會文化和深度自然會慢慢累積。」

上：文物館原隸屬於中國文化研究所，現成為獨立的研究機構。館內濕度溫度、光源儀器、儲備規格等，都會影響展覽合作成事與否。Josh 努力向外找不同資源：「我來這裡不只是打份工，沒有資源就去尋找，我們會自己推。」（圖片提供：ORKTS）

下：羅桂祥基金和利孝和家族慷慨捐款，支持文物館擴建，新翼面積接近 2000 平方米，內建大型展廳，更設大型 LED 熒幕，加強推廣效果。（圖片提供：ORKTS）

城市是文化生長的溫室，文化不是「製造」出來，而是「栽種」（Cultivated），生生不息，一代傳一代，每個人以它的力量，作出貢獻和改變。

由知名的嚴迅奇建築師事務所設計的中大文物館新翼羅桂祥閣於 2025 年 3 月正式向公眾開放，Josh 展望：「我很感激歷任館長、贊助人與社區伙伴的付出和支持，文物館得以擁有豐富館藏，讓我們團隊進行深入研究，推廣中國藝術文化。我好有信心，文物館新翼將來是中大校園新地標，能夠吸引更多學生、院系人員、大學持份者，以至普羅大眾來觀賞藝術珍品。」

「做人最緊要有動力！」DNA 草藥鑒定先驅分享教研灼見與創業心得

03

時光荏苒，屈指一算，生命科學學院邵鵬柱教授（Prof. Pang Chui Shaw）與中大結緣逾 40 年。他從事中草藥藥效和品質控制研究開發超過 30 年，也是利用 DNA 技術應用於草藥鑒定的先驅。這些年來，邵教授見盡中醫藥質控研究的「風起雲湧」，亦走過教育發展的歷程，我們先聽他分享教育生涯的苦與樂。

邵教授在 1981 及 1983 年在中大生物系取得學士及碩士學位，1983 年憑優異成績負笈英國倫敦帝國學院（Imperial College London）攻讀生物及技術博士課程，1987 年回港任職於中大生化系，並於 2000 年轉到生命科學學院至今。

「1980 年代尾 1990 年代初，學生人數少，一班 30 人，以前教書寫黑板、用 transparency（膠片）和 slide project（幻燈片投影器），現在都成為博物館文物了！以前教學生活相對簡單，自由度大點，輕鬆點，不像現在多規範。以前一個系一個課程，現在單是生命科學學院就有 5 個課程，行政工作更見複雜。」隨著時代變化，教授的工作亦趨沉重。

教育是什麼？漫談教研的根本和傳承

要打一份工超過 30 年，對喜歡新鮮的新一代來說，簡直天方夜譚。放眼教育界，不少工作者被重重複複的工作磨滅初心。教授何以堅持不懈？

上：邵教授形容對工作是「樂在其中」，「日常早上7至8點起身，做到晚上11至12點。」（圖片提供：ORKTS）

下：邵教授給到訪香港郵展的同學講解郵票收藏知識（圖片提供：受訪者）

「教學和研究，是發掘新的知識。教學是要教好下一代，好多時候你對學生有好的影響，對他以後的職涯發展，甚至是人生都有影響。我同學生的關係幾好，令我又驕傲又安慰。」不少邵教授的學生和研究室成員後來都在中大執教，例如生命科學學院的幾位同事、中大和中大（深圳）通識教育部的 5 位講師等。「別人都叫我『General Education Office（通識教育辦公室）之父』！」

走出實驗室外，邵教授也幫助學生擴展各方面生活知識。邵教授是香港郵學會（Hong Kong Philatelic Society）的義務編輯，負責刊物編輯。他亦喜歡參加郵展：「以前只是收藏『公仔紙』，其實郵票有好多學問，信封郵戳、郵路、郵資、背後故事等等。集郵有所屬的國際組織，每年都有國家級和國際性的展覽。」

對邵教授而言，「教育是『傳燈人』的角色，把火種由一代傳給第二代，冀念著火種愈來愈光輝，愈來愈大」。

邵教授素來端莊肅然，拍照時從不言笑，但談起學生，他總是臉帶微笑，語帶興奮。「我的學生都幾好，可能受我影響，『百足咁多爪』，『搞東搞西』，我都畀好多資源和機會學生，讓他們掌握機會，發揮潛能。」

「第一，我會給予很多自由空間。在實驗室我很少干預他們，給他們多點嘗試，當然『試呢樣試嗰樣』少不免資源消耗，但當他們自己找尋到方向後，就會深切體驗得到、掌握得到。第二，我鼓勵學生向不同方向發展，在研究及學習外發展新的事物。」說到多元發展，教授的確以身作則，教學和研究並行之外，還涉足社企。

當 DNA 鑒定「遇上」中醫藥研究

「中大早在 1970 年代，已開展中藥的品質控制和藥效研究，遺憾的是，我在中大初期，香港對中醫藥研究並不重視，都是『自生自滅』。政府對此沒有特別註冊規範或管理機制，整個研究氣氛薄弱，一般資助只限於系內的經費和慈善捐款，至 1990 年代才開始有研究資助局（Research Grants Council, RGC），提供一個申請經費的主要渠道。」邵教授以分子生物學（Molecular biology）的專業背景，由 1990 年代開展分子技術鑒定中藥和產品工作至今，現為中大李達三葉耀珍中醫藥研究發展中心主任。

邵教授相信：「中醫中藥，都是中國傳統的文化，而且中大有這樣的歷史，我覺得是有發展的機會。當時的生化系，有不少同事開展中藥藥理研究，形成一種重視中藥的研究風氣。加上當時受生物系從事植物學和生藥學的畢培曦教授邀請，我就開展了中藥的分子鑒定研究。我算比較早開展分子技術鑒定中藥材的研究工作，獲刊登的國際文章屬最早期之列。」

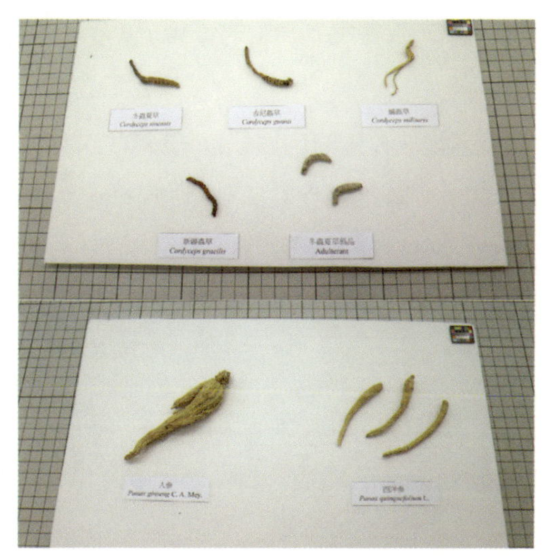

邵教授指，常用的中藥有 500 至 600 種，中心做了 200 至 300 種，加上其他已有數據，形成一個「草藥 DNA 圖書館」的資料庫。世界不同研究所都參與建立生物 DNA 圖譜庫，長遠要給地球上每種生物一個獨特的 DNA 標籤。（圖片提供：ORKTS）

以經驗回饋社會

中藥訛詐做假風氣，長遠影響市民大眾對中藥的信心。「我們發現，煲藥的湯，都可以找到中藥的 DNA ！凡是生物都有獨特的 DNA，理論上 DNA 鑒定是最準確的，這方法有利識別中藥的真偽。」

「DNA 鑒定有別於傳統鑒定，傳統的是看中藥的性狀、外形、氣味、口感，亦有化學鑒定方法檢視其化學成分。但是在分辨物種相近的中藥時，以化學鑒定發現的差別或許不大，有些中藥更是藥粉或藥丸狀，連外形都看不到，所以 DNA 鑒定有一定的優勢。」

邵教授希望將研究落地，以經驗回饋社會，想到以 DNA 鑒定技術，提高中藥及產品的質量。除了成立一間提供 DNA 技術鑒定服務的公司 OriGene 外，機緣巧合下，他與業界朋友討論，以區域鏈（Blockchain）建立一個推廣中藥認受性的平台。

邵教授透過申請中大可持續知識轉移項目基金（S–KPF），開設非牟利社企草藥鏈（HerBChain）有限公司，提供一站式中藥溯源服務，包

HerBChain 團隊成員包括時任項目主任易康瑜小姐（左）、創辦人邵鵬柱教授（中）、時任胡秀英植物標本館教育經理王天行先生（右）（圖片提供：ORKTS）

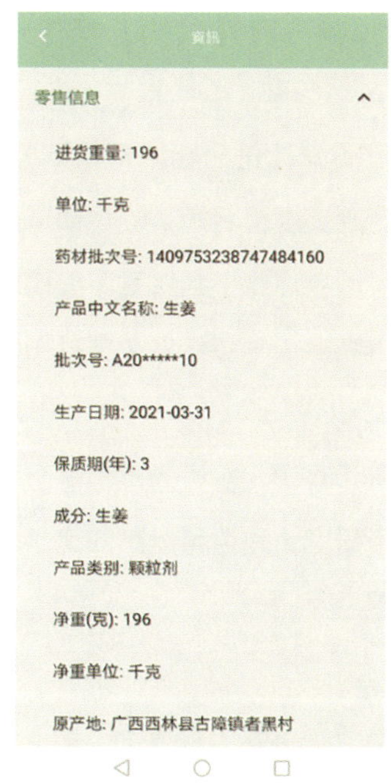

HerBChain 應用程式另設英文版本，邵教授指：「外國亦盛行草藥，例如 American ginseng（花旗蔘）、St. John's wort（聖約翰草）、Ginkgo（銀杏）等，正好促成合作機會。他們可以利用 HerBChain，記錄產品生產流程，再將資訊放在產品上，讓消費者更有信心，推高銷售額，續而發展香港或中國內地市場。」（圖片提供：受訪者）

括中藥產品製作流程的資訊平台，記錄中藥種植、加工、製作、化驗、批發及零售的資料。區域鏈上的資料，一律不可修改，確保產品的可追溯性和可信性。HerBChain 更可結合 STEM（科學、技術、工程、數學）教育，增強年輕人對中草藥的認識。「現時有些中學在校內設立中藥園，學生可以利用平台配合手機程式，記錄中藥的種植過程和加工的數據。」

社企純屬「短命公司」？

市場上不少社企只能維持數年，邵教授作為社企推動者，未言放棄：「社企始終要符合商業的規律，除了一份使命感，都要從市場角度處理問題，因為你賺不到錢就不能繼續，我也在學習中。我的想法是，做得幾多得幾多，一步步做，穩打一兩個根基，再找機會拓展。」

「教育和社企，兩者的推動是有所不同。我常鼓勵學生多思考，除了專注學術研究，是否可以將知識落地？成立公司後，如何營運它、讓它可持續發展？」

邵教授多年執教，處事心態也很有「韌性」：「好多時候你以為教到很多東西給學生，但他們未必完全理解到。做社企同樣道理，一般用家普遍期望產品易用、用後有所益、少付出而多回報。你覺得好，但別人未必覺得好，所以我們要從別人的角度思考。」

2022 年 6 月，政府籌劃多年、由衞生署管理的政府中藥檢測中心正式動土，預計 2025 年底分階段投入服務。邵教授期望政府對中藥產品質量進一步立例。「現時情況是『可做可唔做』，難靠商界自我規範。有政府支持，市場自然更大。若香港要保持銷售高質產品的優勢，絕對要做好管理。產品良莠不齊，用家信心不會高，不知買哪個好。你同內地產品鬥便宜，一定『唔夠鬥』。若然能成功打造香港正品的形象，對香港整體都是好事。」

積極上進，走更遠的科學路

邵教授人生經驗豐富，我們不忘邀請他分享座右銘。「『天行健，君子以自強不息』。人始終要積極向上，要努力求進步。我覺得做人最緊要有 motivation，有 motivation 就有 passion，朝住個方向做，成功的機會會更大。」

邵教授曾是生命倫理學會主席，他也向我們推薦《生命倫理的四季大廈》一書。書中涉獵因科技引申的倫理問題和解決方法，如安樂死、醫療事故、基因改造、「製造」胚胎等議題。「我們不能只發展科技，也要看它的影響，令人類進步或留下遺害。好多時都是兩難問題，如何做判斷是很重要的。例如全球暖化問題，多少都是因科技發展而引起的，我們都要多點關注。」

「其實很多事情都沒有絕對的對與錯，始終都要 make a judgment（做出判斷）才可以向前走。書中亦介紹如何做決定，如何求同存異，如何找出最大的公約數。」

第二章

環境保育

Conservation

鍾宏亮

何建宗

建築與鄉村連線，共創真實感動

04

「這塊土地有種真實感，令我有動力去做研究、做實驗。」於頂級學府劍橋大學畢業後，鍾宏亮教授（Prof. Thomas Chung）在當地以建築師身份執業。然而香港這片土地，吸引他帶領學生和義工走入鄉村，接觸一土一木，探索何謂真空間、真生活。

Thomas 是中大建築學院的副教授，自小熱衷於畫畫及砌模型，喜歡留意周圍環境，探索空間感的意義。他大談英國劍橋建築學學派中強調的現象學與空間性，用硬件締造出超越物質的境界，通過對建築的感知，昇華自我的存在與感覺。「我見到大家使用完成的設計，是開心的。構想及製造一個環境出來，給不同的人使用，這才是我想做的事！」

自中三離港留學，在英倫走了一圈，他的根始終在香港，希望認識自己的地方。2006 年，他毅然加入中大建築系。「我發現搞建築這個領域的人，看世界的眼光是不同的。對於自身和環境的關係，是有相對性與互動性的理解，不只是以自己為中心主體。」Thomas 相信，透過鑽研建築可以看見世界的不同尺度及領略各種文化，由一個人到一班人，而且除了對人之外，最重要是著重對環境的影響。

建築不只是裝修

綠蔭環繞的梅子林村，是一條位於新界東北、有超過 360 年歷史的客家村，面積不大，有構築物範圍只有大概半公頃左右。梅子林村屋主要

上：從沙頭角坐船到荔枝窩，再走約 30 分鐘平路，便到達被森林覆蓋著的梅子林村。筆者與同事從城市走入山谷，如同來一趟「森呼吸」，明白 Thomas 所指的「真係豁然開朗，好似《桃花源記》」。（圖片提供：中大建築學院）

下：梅子林項目主要研究人員及學生開心大合照（圖片提供：ORKTS）

由兩排不同年代具客家特色的排屋組成，坐西朝東，背靠吊燈籠山，前有梯田後有風水林，南有水井和河溪，可謂一個自給自足的世外桃源。如此良地，卻逃不過時代轉變，因村民流失而變成廢墟。

2020 年，Thomas 藉中大知識轉移項目基金及環境及生態局鄉郊保育資助計劃（Countryside Conservation Funding Scheme, CCFS），透過開創一種多重合作模式，結合文物保護、建築物修復、社區參與、志願者參與和學生體驗式學習（Experiential learning），進行鄉郊保育與建築教學的實驗研究項目。

「我們不是來裝修就走，項目叫試驗性修復，主要是找出問題和修復的可行性，下一階段就是更進一步實施和完善它。」運用想像和實驗，團隊在就地取材、升級再造和再利用材料的基礎上不斷研究，以新技術進行修復，例如選取輕巧竹和木，修復已破爛及倒塌到只剩幾面牆的村屋，重整古村的質樸環境。

重建廢村由零開始，Thomas、中大建築學院學生與村長村民，以共創（Co-create）概念思考和討論梅子林村的未來，向著建立「宜遊之村」的目標出發。無論教與學，不只是紙上談兵寫 paper，學生亦可以落地實踐，清泥頭、搬鐵通、新建夯土牆，發掘建築學空間和物料的設計體現。

享譽世界的已故美籍華裔建築大師貝聿銘曾言：「人生如建築，建築是

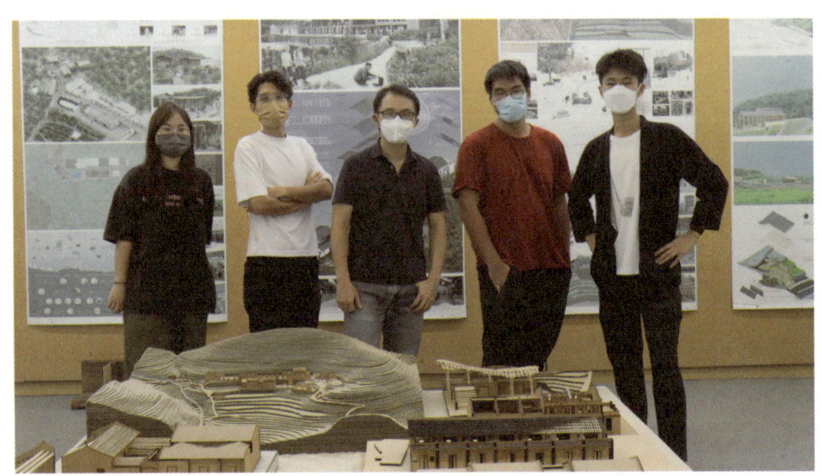

Thomas 笑言：「我們每星期都會入去（梅子林）揮鋤頭、運泥土、搬木材！」圖中為梅子林項目部分團隊成員：（左起）劉妍熹（Lucia）、陳智仁（Amos）、Thomas、馮曉東（Fung Hiu Tung）、藍朗峰（Ivan）。（圖片提供：ORKTS）

生活的鏡子。」在 Thomas 眼中，建築是以人為本，在新舊文化交替下，以及在保護自然環境的大前提下如何配合人的需要，令廢棄的梅子林「復活」？

荒村的人文風景

自 2020 年來，遇過風雨艷陽，遇過工程困難，究竟是甚麼驅使 Thomas 團隊不放棄？是愛？還是責任？「這塊土地有種真實感，令我有動力去做研究、實驗。利用建築，可以連接到一個真實的地方，而這個地方是我的地方、我們的地方、我們的城市，大家都是找一種真實，一個 connection，一份歸屬感。」

建築，是建立關係：與地方建立關係，人與人之間亦可建立關係。Thomas 坦言最深刻的是與村長村民的關係。年屆花甲、古稀，亦無阻村長村民復村決心，除了落手落腳除草、施肥、清理牛糞，還分享自家故事、設宴招待大家。

梅子林項目更吸引一班義工加入，他們透過中大建築學院、各個書院及社交媒體平台「梅子林復育計劃 Project Plum Grove」公開招募，這已有超過 100 多人參與的一個小社群，更孕育出一群核心義工，經常集思廣益自發搞活動，推動梅子林村的可持續復育。Thomas 形容：「活動像自己生出來，有一種生命力。」

意想不到的是，梅子林雖無車路可到，卻能連結不同地方的村民，推動更多新計劃出現。「傾偈時發現，他們對整個中大團隊的印象是『做得

村民及義工積極參與復修工作（圖片提供：受訪者）

以夯土、竹和木，重現客家建築和文化特色，同時打造與大自然融為一體的建築設計。（圖片提供：中大建築學院）

嘢、做到好嘢』，有位嫁去谷埔五肚的梅子林村民，都叫我們幫手復修她丈夫的屋。」Thomas 於 2021 年獲鄉郊保育辦公室鄉郊保育資助計劃批准撥款，在谷埔開展另一個鄉村活化項目「遊谷探埔」。

身兼多職，Thomas 在梅子林項目是促進者（Facilitator）、設計者（Designer），也是組織者（Organizer）。Thomas 認為鄉郊保育是值得做的，項目讓村民、同學、義工、香港鄉土發展多方受惠，要維持這個文化傳承（Legacy），單憑一人之力不足有為。

「在香港而言，鄉郊保育是一個新議題，各個學科都可以做研究、帶同學入去同村民互動，了解環境，製造 social impact（社會影響）。鄉郊保育這個板塊是需要不同人，不同專業，大家各會找到自己的 focus；所以要各自有各自的貢獻，湊合一起才做到鄉郊保育。不同人有不同的理解，當你去到鄉郊，你會發現不是只有建築地景、文化歷史或環境生態，這一切都可以互相連繫。」

Thomas 希望大學能夠設立一個具認可性的組織，專門研究鄉郊保育，配合資源支持，如提供先行計劃的種子資金、管理項目的行政支援、增設學科及綜合資料平台，集結志同道合的教授專業，以跨學科（Cross-disciplinary）的方式合作。

需要甚麼學系的參與？例如人文學科，可以探討鄉郊歷史和文學；人類學系，可以考古文化起源和周邊村落的關係；地理系，可以研究自然資源；生態學及生物多樣性學，可以涉獵環境變化（土壤和水、動植物）和可持續發展的研究；旅遊及商業學，可以思考有利各方的運作模式，提升公眾關注等。

「經驗是不會浪費的」

10 年後、20 年後，村民何去何從，梅子林主權誰屬，一切都是未知之數，何曾擔心發展變質？「經驗是不會浪費的！」Thomas 認為整個鄉郊保育的過程是多層面的：「不只我們落手落腳做，而是不同人都可以參與。希望可以凝聚團隊，繼續累積經驗，繼續做。」

Thomas 自言喜歡鑽研知識，雙向互動才能有新的火花。「做教授其實都是想學多點，並不是我單向地灌輸固有知識給人，而是彼此分享經驗、營造新的演繹。除了科技，其實前人留下很多處世的道理和哲學，我盡量充實自己，永遠是 keep learning。」

生活營營役役，有時難免失去了熱情。Thomas 和團隊身體力行走入鄉村，以建築實驗活化社區，為荒村注入活力，得到一份無可取代的「真實感動」，活現生活意義。隨著政府大力推動新界東北發展，相信只要各方願意，不分身份、不分地位、不分地區的朋友，都可以出一分力，關注傳承歷史文化，為香港留住鄉村文脈。

上：梅子林項目於 2024 年進入二期復育計劃，目標將老屋復育為梅子林村的鄉村社區合作社「众舍」，成為培育鄉村未來生活文化的長遠基地，為村莊的可持續復育作出貢獻。（圖片提供：中大建築學院）

下：第二期復修總結了第一期的復修經驗，在活化技術、設計、結構和材料運用上新舊糅合，更配備太陽能系統和雨水收集等可持續技術，賦予舊建築新的生命及用途，成就鄉郊保育大方向。（圖片提供：中大建築學院）

微藻專家極地探險，實現環保商業雙贏

05

在這個充滿環境危機的世界中，有一位環保科學家，他用自己40多年的科研經驗，創造了一個可持續發展的環保產業——將微藻（Microalgae）打造成「吸碳神器」的生物科技。1979年新亞書院生物系傑出校友何建宗教授（Prof. Ho Kin Chung）是香港極地研究中心創辦人，退休後花了幾百萬元開設香港首個北極科研站，造訪南北極達20次，60歲才組隊創業。一起來聆聽他的故事，了解科學家怎樣看金錢世界，如何發展「碳金融」。

「下崗變下海」

「我讀中文大學生物系時很快樂，中大環境優美，能遠望八仙嶺、吐露港，花草樹木在陽光白雲下綻放，使我熱愛大自然。我是新亞書院宿生，教授常說『天人合一』的哲學。現在回想，其實與環境科學是很吻合的。生態學，正是建立天地人之間的和諧的科學。我原以為微藻是有害物，水受污染才有微藻。當人人都說它有害，我反思，可否從有利的角度看待它？我愈研究，愈沉迷，結果我愛上研究微藻，決心將它發展為淨化污染的工具，於是我一直投身環境生物學行業。」

何教授在中大畢業後，負笈英國索爾福德大學（University of Salford）攻讀碩士課程，研究環境資源。後來加入政府環保署工作10年，並以兼讀方式，於1991年在港大取得哲學博士學位（植物學系），然後在大專院校從事教育27年。他專門研究環境科學、水資源、海洋

何建宗教授受中大優美環境啟發而投入紅潮與水質研究（圖片提供：受訪者）

生態、浮游植物、微藻等學術領域。

何教授孜孜不倦研究微藻 40 多年，除了研究它的害處，亦學會欣賞它的好處。「顯微鏡下，它的組織和結構是非常美妙，是大自然巧奪天工的作品。其實污染一詞是很主觀的，當紅潮災害發生，污染物多，殺死海洋生物，損害經濟，我們就覺得它是有害。但做科學家應該要有創意思維，我嘗試把微藻放在魚床河溪，加入蛋白質開發成為魚的飼料，微藻就變得有用了。」

何建宗教授自 1993 年到訪南北極 20 多次，進行環境和生態調查。（圖片提供：受訪者）

環境問題要由心做起，同一樣物質的好壞，在乎我們如何應用、評價它。何教授舉例：「我覺得垃圾是放錯地方的資源，我們回收它，它便是搵錢的工具；我們隨便掉棄它，它便是無用。一個銀幣有兩面，我們做科學就是這個精神。」

「原本到了 60 歲就想退休，豈料退而不休，眼見地球嚴峻的氣候危機，我就想，可否應用研究微藻 40 多年的經驗解決問題呢？原本下崗，卻變為下海，開始創業。一方面希望將 40 年科研成果應用於世界，另一方面希望實踐生命傳承，將所思所學和環保使命傳給年輕人。」

科學家踏足商業世界

憑一腔熱情創業，可是理想與現實總有差距，何教授明白教學和創業是兩個世界。

「先說金錢，教書時薪酬增長穩固，工作文化是求真求知為本；創業最艱難的是，社會以利益為先，團隊以你為首，每個月等你出糧，相當有壓力！但我知道教學和創業兩者沒有衝突，只是要花心機結合。其實做生意最重要是可持續發展，在獲得投資回報的同時，我們也應該回饋社會。環保產業如是，我們對世界和社會都有公益責任。經濟、社會、環境三位一體，這是我的創業精神，從而推動可持續發展。」

何教授目標是公司在 5 年內上市。「我想將賺來的錢應用社會上，在企業擴張的同時，增加我們對世界的影響力。地球環境污染問題、社會貧富懸殊問題、社會缺乏生產力問題、年輕人對前景迷惘問題，我作為一個學者、教育家和科學家，義不容辭要解決這些問題。老實說，以我這個年紀創業，真的並非為了發大財。我只有一腔熱情，希望扶助年輕人，在創業路上持續發展。」

「我們互相支持」

何教授相信，一個創業團隊，最重要是大家「情投意合」，擁有同一

跨學科、跨世代，是何教授的團隊特色，由「Y 世代」千禧一族到 60 後，成員背景來自科技、金融、商業管理、能源工程界。（圖片提供：ORKTS）

個夢想，有困難便說出來，有快樂便分享。「我的特色是無所不談，天南地北，政治天文地理生物化學財經，都可以交流。我第二個特點是喜歡食，總是惦記順德美食，每次開會都去飲茶！我們出席活動，一起感受，擴大生活朋友圈，這樣對同事好，對公司將來發展亦好。我時常說要去南極、去北極、去行山、去旅行，同事亦一齊去，我們就像一家人。」

商科出身的 90 後 Kobe，專長是市場學和人事管理，何教授每天都要與他補習環境科學知識。「我好多謝教授教我很多，我對科學的認知只有高中程度。幸而，教授總能夠深入淺出地向我解釋，這個過程中我獲益良多。」

其中從事 ESG（Environmental, social and governance）基金多年的 Nancy 分享：「何教授的項目與別不同，原來科學可以做實事，正是可持續發展，透過產品造福世界。這亦是一個商機，微藻可以吃掉污染物，還可以產生優良可再生能源，例如 biofuel（生物燃料）、biomass（生物質量）。世界就是好需要這個項目，於是我加入團隊。我們要思考策略，如何連繫市場上的 carbon credit（碳信用）需要。」

天時地利人和

「我在香港做創科，可謂吃盡苦頭，申請基金四次也失敗而回。第一次申請時，可能創科氛圍不濃厚，政策未成熟，竟然提交一年後才被告知不獲資助，延誤了不少時間；第二次交齊數據和文件，又需要我證明申請項目在香港的實際用途；再三申請時，我取得政府部門的支持信，他們卻拒絕我說：『既然政府支持你，不如你直接去該部門爭取資金』；到第四次，經過所有審核，結果在公佈結果前一天，基金方翻查紀錄發現我的公司是慈善團體，不屬於基金服務對象。」

很多事情都是靠天時地利人和，即使多次失敗，何教授亦沒有埋怨。後來何教授陸續在中國內地獲得很多支持，認識到原來內地已全面推行電子化申請制度，一份申請，7 個部門可以一併審視，無論結果如何，局方都需要在三星期內決定撥款與否。

「一個偶然的機會下，我回到家鄉佛山市順德提出水質改善專案，碰巧當時提倡『以水興城』作為城市發展目標。在內地，我才明白鄉情是很重要的，他們覺得我可以為家鄉爭光，於是在香港做不到的事，在內地 8 個月就完成了。他們給我意見說：『其實中國內地好多人都懂得養藻的基本知識，將來就算你申請了專利，亦難防很多人進入市場與你競爭。但因為香港本身是一個品牌，而你是香港人，所以我們支持你，只不過你要拿出一個例證。』於是我回港開公司，做一個小型『示範單位』，然後再走入中國內地市場。」

「芝麻包」的創業領受

「香港創科的定位，就像芝麻包，我們不能靠一粒芝麻吃飽，但一個麵包沒有芝麻就不是芝麻包了。」

何教授認為，香港創科是離不開中國內地市場。「在香港做創科是投資大、成本高、市場小，但是香港的優勢是有人才、有活力、有國際視野、有財金關係。舉個例，以微藻淨化污水，香港可能只有一二百畝的魚塘，但僅在順德區，就有數以萬畝的魚塘，何況整個內地？如果你做到這單生意，就不用憂柴憂米了。」

時下不少年輕人對香港抱著負面態度，住屋環境狹窄、社會老齡化、在職場難有晉升機會等，何教授有一番建議：「內地對香港青年人、創業者提供很多特殊優惠，在香港要住簡約公屋，但深圳為吸納人才會提供『人才房屋』，以便宜租金享受香港中產階級的生活。雖然工資表面上不高，但實際生活質素是超越香港的。」

南北極冒險之旅

何教授的研究核心離不開水質和藻類研究，因此遠赴南北極做科研。「極地是大自然的奧秘，充滿機遇和創意。我看見大自然的偉大以及人類的渺小，我變得謙卑，學懂應變，這對創業和人生成長歷程是很重要的。去完南北極，無論你是科學家或是一般支援人員，你都會變成哲學家、藝術家。為什麼呢？一來四周都是美麗景致，充滿奇妙生趣的事物，觸動心靈，牽引詩詞歌賦的聯想靈感。我總是拿相機拍下它，每張相都可以成為攝影展覽作品！」

既然在香港可以高床軟枕，那為何還要攀山涉水捱凍呢？何教授卻表示：「在極地，隨時會經歷天災危難死亡，若不幸喪生，別人會怎樣評價我，我又會怎樣評價自己的一生呢？人生的意義是什麼？在極地感到孤獨時候，會想起香港的好友，亦會湧現很多情懷。這樣思考下去，我又成為哲學家了！」

但前往極地，以及在極地生活，不是一般人能夠體會到的，何教授跟我們分享他的經驗：「兩星期去北極，一來一回都用了 3 天，停留 10 日，大致已看完。南極相對遠，飛行時間較長，大概 15 日至 3 星期已足夠。到了極地，因太陽斜射，你會失去日夜觀念，只有全白或全黑，想睡就睡，想吃就吃，沒有網絡，你可以好專心做事。平時在香港可能一星期都做不完，在極地兩天做好，很多時間享受寧靜的境界思考人生。」

極地科研不是旅行團

筆者很好奇去極地的費用，原來去北極比南極便宜。「去北極，機票、

何教授組織極地科研考察團，帶領參加者成為公民科學家。（圖片提供：受訪者）

食住和交通總支出平均每人每日大約 1 萬元，去 10 日就要 10 萬。由於相對多國家接近北極圈，例如歷史上最初的維京人、現時北歐各國、加拿大、俄羅斯、因努伊特人，很早已展開北極探索，所以有較多支援；南極則是雙倍，即 20 萬了，因為南極是杳無人煙的地方，要坐大船穿越地球最艱險的『魔鬼西風帶』，那裡海浪上落高達 15 米，坐船期間像是在玩兩星期的海盜船，而且補給及組織團隊都不容易。」

何教授強調：「我的極地團不是旅遊性質，而是去做教研團，不要用打卡心態去，以免增加地球的碳足跡。即使不懂科研也可以跟我去學，做公民科學家。其實每一個人也有專長，可以有貢獻，科學家不是自己做科研，也需要人幫手搬機器、抄數據、協助統計。我能夠教導大家大自然的知識，亦是一種貢獻。」

「我希望做一個『魚藻菜共生系統』，將我的微藻成為產業，支持農業發展。如果我可以取得南北極抗低溫、抗極端環境的水質元素，再放到中國內地發揚光大，相信影響會更大。」

心存目標，胸懷世界

「有些人人生比較簡單，也有些人像我一樣多元化發展。我是科學家，又喜歡寫文章，寫詩，好像多才多藝，其實每一個人都有 24 小時，為何會比其他人豐盛？就是時間管理，最重要是目標明確，擁有清楚的人生目標，就像航海，朝著正確的方向前走，你會節省走錯路的時間，知道路線圖，中途會經過不同的島，這個島有什麼特性？有什麼需要？供應什麼？把它們聯繫起來，當別人做一樣事情，你就可以做 5 件事了。有目標自然有計劃，執行計劃時，除了堅毅的精神和頑強的意志力，也要有強健的體魄，如果做少少就很容易會累，你想做也難。這些極地研究帶給我的鍛鍊，令我不怕遇上困難，而是願意克服它。」

汪洋大海，啟發何教授開展科研和創業，努力保護和維護生態系統。他相信人向外走，心胸才廣闊，他期許中大人關心並保護這片美麗的土地，跳出香港，面向世界，在海闊天空的境界，成就理想。

何教授於 2012 年出版《何說紅潮》，從不同方向分析紅潮的生態、產生、研究、管理等問題。（圖片提供：受訪者）

第三章

陳裕麗

魏文富

李月裳

黃敬歲

於華語地區首創預設照顧計劃，願所有人都可安享晚年

06

清明時節，梅雨淒淒。但又正值暖春，萬物復甦，生機盎然。每逢四月，想起已經不在的他們，便會更加珍惜身邊健在的人們。生老病死乃人之常情，如何舒適度過生命的最後一刻，是中大醫學院那打素護理學院陳裕麗教授（Prof. Helen Chan）探討了接近 20 年的課題。

香港以長壽為傲，曾 7 年蟬聯全球最長壽地區。在追求人均壽命長度的同時，晚期照顧的資源及配套也應同時備受關注，保障生命晚期的質素。Helen 及其團隊在華人地區首創的預設照顧計劃，幫助參加者在生命的最後階段獲得適當的照顧。

臨終兩難決定：拔喉棄急救？躺著為活死人？

預設醫療指示（Advance Directives）的概念早於 1967 年由捍衛人權的律師 Luis Kutner 於美國安樂死協會（Euthanasia Society of America）的會議上提出。之後由於在審議能否從植物人身上撤除呼吸機的法庭案件的判決（詳見 Karen Quinlan 事件），加州於 1976 年率先通過《自然死法案》（Natural Death Act），保障個人設立「生前預囑」（Living will）的權利，允許個人決定自己臨終或意識不清時是否繼續維生治療（如心肺復甦術、人工輔助呼吸）。假如他日不幸陷入病重昏迷，醫護人員將停止施行意願人早已拒絕的維生治療，但這不等同於施行安樂死。雖然兩者的原意都是為減少病人所受的痛苦，但是實施安樂死實質上是以醫療手段直接結束病人的生命，有違醫德，在大部分國家都被界定為不合法，而停止對病人施行無效維生治療，是順其自然地讓病人逝去。

但是美國的案例經驗反映：單純推動簽署法律文件，並未能促進意願人事先與家人或醫護人員討論有關晚期照顧的想法；因此，同類的法庭案件在接下來的 20 年仍然不斷重演。基於這些案例，預設照顧計劃（Advance Care Planning, ACP）的概念開始引起關注，希望意願人可先與家人溝通自己對未來醫療或個人照顧的意願，才再簽署預設醫療指示。

2000 年初期，西方國家推動預設照顧計劃也處於起步階段。閱讀極其有限的文獻時，Helen 發覺：「西方國家的做法很單刀直入。一開始就會問：你想不想接受心肺復甦法，你覺得臨終的時候要接受一些怎樣的治療？我感覺在我們華人文化下沒辦法這樣問。」

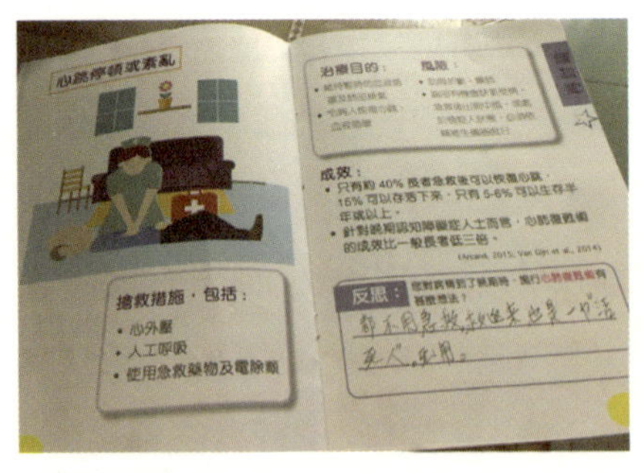

一位年屆 75 歲被診斷有早期腦退化症的女士早前參與 Helen 團隊的 ACP 推廣項目，不但積極分享自己的想法，還身體力行主動在手冊寫上自己對晚期照顧的意願：「不用急救，做活死人無用」。（圖片提供：受訪者）

在華人地區開展預設照顧計劃絕非易事。現今華人對中國文化「孝」概念的詮釋側重於延長壽命，當病患者病入膏肓，大多數人仍然會堅持用盡所有治療方式搶救，深怕放棄治療便無法讓病患者堅持到最後一刻，留下遺憾——人們常常陷入這兩難處境。同時華人對「死亡」這一話題較為忌諱，且溝通模式也偏委婉含蓄，直接照搬西方的做法肯定不行。

Helen 研發在地化版本十分注重以人為本，因地制宜，充分考慮華人的文化和溝通模式：護士或社工作為第三方先與意願人透過傾談建立互信，循序漸進切入正題；再邀請意願人的親人介入，協助意願人將自己的想法告訴親人。

團隊中老年學出身再進修成為社工的 Shirley 形容預設照顧計劃「不只是醫療方面的決定，也是對整個人生的反思」。在與意願人的訪談中，護士或社工先帶著意願人回顧過往的人生經歷，例如自己的健康情況、親友離世時的情況，從而促進個人反思自己對晚期照顧的價值觀，然後展望未來，思考自己對日後照顧的意願。

Helen 鼓勵同事不要擔心講多錯多：「我們現在提出有關晚期照顧方面的資訊，有些病人或家人可能會覺得比較難接受，甚至生氣到投訴我們。但是現在鼓起勇氣講一句，就可以幫到家庭先做好心理準備，如果要將代作決定的責任交給家屬，他可能會內疚一世。」

化低谷成人生轉捩點

曾在院舍與老人科病房工作，Helen 見到太多長者臨終前仍接受無效的維生治療，也親身參與無數次搶救之中。「我是護士背景，當年畢業就等於失業，慶幸獲得在家附近一家院舍聘請為護士。院舍內很多長者都是瞓床，像是植物人的狀態，靠一些治療維生，例如鼻胃管餵奶。後來有機會進醫院工作，又看到另一番景象：自己親身經歷為很多病重的長者做搶救，令我反思急救的意義在哪裡？自己與家人老了，是不是也要接受這樣的生活？晚期照顧怎樣可以做好一些？」

Helen 於 2009 年加入中大。她的研究計劃名為「『吾』可預計」，靈感來源於與長者交談時，他們感慨「以後嘅嘢就唔可以預計嘅」。「唔

Helen 積極於社區推廣預設照顧計劃（圖片提供：受訪者）

可預計」表示不可預計。把「唔」變作意為「我」的「吾」，則把否定變為肯定，強調了個人對生命的掌握，賦權予每個人決定如何為自己的生命畫上句號。

中大知識轉移項目基金（KPF）為 Helen 照亮了黑暗，帶來黎明的曙光。「我一路都很感激研究及知識轉移服務處（ORKTS）。它很敢於試不同的東西。當我通過其他途徑拿不到資金，我就鼓起勇氣嘗試申請 KPF，好感恩它給了我很多機會。」通過兩期 KPF 資金，「吾」可預計有了自己的網頁，也拍攝微電影引發大眾對此話題的關注，並且發展了實證為本的 ACP 培訓課程。

從家福會到立法會

在 Helen 的全力推進下，2017 年，香港家庭福利會（家福會）的預設照顧計劃應運而生。Helen 為提供服務的護士、社工等同事進行培訓；也在每次訪談前後請參與者填寫問卷，分析結果，從而改進服務。2021 年獲維拉律敦治・荻茜慈善基金（Vera Ruttonjee Desai Foundation）額外撥款資助，計劃進一步擴展服務，參與者可於預設照顧計劃後簽署包括預設醫療指示、持久授權書（授權受權人在授權人神志不清時照顧其財務事項）、平安紙 / 遺囑的「平安三寶」。其後，Helen 繼續與多間機構合作，包括東華三院、靈實協會、聖公會聖匠堂、基督教家庭服務中心、善寧會等，提供 ACP 培訓及推動相關服務發展。

由於預設醫療指示只在疾病末期、持續植物人或昏迷狀態及晚期不可逆轉生存受限的三類情況生效，家福會的項目之服務對象只針對 60 歲以上患致命疾病、80 歲以上高齡、領取綜援或低收入三類人士。而本港於 2024 年 11 月通過的《維持生命治療的預作決定條例草案》賦予所有 18 歲以上的人士有自主權，可提早為如何跨過人生的終點線敲定方案。

有溫度地簽文件

在立法會法案委員會上，有議員提出「病人在簽署前可能與家屬無溝通」的擔憂，因為簽署過程只需一名醫生和一名無利益關係的人見證。若家屬不理解病人的意願，可能會質疑病人於文件上所作的決定，將這個燙手山芋反而拋給了醫護人員。醫院管理局臨床倫理委員會主席謝文華的回應強調簽署過程「會請病人的家人一起參與」，讓家屬親耳聽到病人的意願。

推廣預設照顧計劃的同時，Helen 其實更想促進家庭成員間的溝通：「我不是一開始就推廣簽這份文件。如果我們只是推簽文件，一定會有很多紛爭，就像為了遺囑打官司。所以我自己更加盡力推廣的是家庭成員之間的分享、溝通。」

在家福會推行預設照顧計劃的陳君悅女士也坦言自己每天收到很多關

家福會預設照顧計劃社工陳君悅女士（左）及中大醫學院那打素護理學院專業顧問楊智恩博士（右）（圖片提供：ORKTS）

於文件簽署的諮詢。「我們做 project 最想做的其實不是要簽多少文件，而是簽的過程希望意願人與家人有溝通。家人知道其意願才可以代作最符合當事人的決定。」團隊成員、曾經在急診室工作的劉智傑先生也從臨床角度吐露心聲：「即使沒有法律文件，家人肯開口在醫院與醫生講『我的爸爸媽媽是不想這樣的』，其實都可以讓長者得到好的晚期照顧。」

團隊成員楊智恩博士也分享了在服務時聽到的故事：有位獨居、患有早期認知障礙症的婆婆有 10 名子女，每一晚都有子女與她一起吃飯，因為他們都擔心婆婆很孤獨，所以子女輪流陪婆婆吃飯：星期一阿哥，星期二阿妹……這樣的溫情事例令她感動不已：「在每個人生故事上，我自己的得著很多。見證著他們可以透過預設照顧計劃更加了解對方，更加知道未來這條路應該怎麼走，其實作為醫護人員都很開心很滿足。」

「自主晚期照顧」風氣漸盛

2008 年，Helen 發表博士論文，分析了「讓我說說」計劃（「吾」可預計的前身）的成效與啟示。計劃為本地 121 位居住於安老院舍的長者進行預設照顧計劃，以「講故事」的方式帶領他們回顧人生經歷（我的故事），從而幫助他們釐清自己對生命的看法（我的看法），以及為生命的最後一程進行規劃（我的意願），成首套為華人社會度身訂做的 ACP 方案，此後這方式也陸續受到其他亞洲地區應用。

新加坡衞生部於 2011 年啟動名為「Living Matters」的預先護理計劃項目，由衞生部屬下的獨立機構護聯中心執行。預先護理計劃可於實體醫院或線上進行。他們制定的計劃手冊，主題也是分為我的反思、我的看法、我的護理目標及我的下一步，讓意願人預先了解自己的狀況及計劃內容，並將這些資料上傳至國家電子醫療紀錄。

推行初期的 2011 年至 2015 年期間，僅 5,100 名新加坡人參與預先護理計劃。隨著宣傳力度逐步加大，以及社會對於「死亡」的討論更加開放，截至 2023 年 5 月尾，已有超過 36,600 名新加坡人參與預先護理計劃。

北京生前預囑推廣協會亦於 2013 年成立，於中國內地各省市推廣計劃晚期照顧的概念。而於 2022 年深圳亦為生前預囑立法，尊重意願人事先簽署文件拒絕於晚期接受維生治療的決定。

中國台灣地區於 2019 年 1 月 6 日正式施行《病人自主權利法》（病主法），賦予病人「知情」和「做選擇」的自主機會。民眾可通過簽署預立醫療決定（Advance Decision），保障自己未來處於五種臨床條件時得以善終。病人需與二親等內之親屬，在醫院完成預立醫療照護諮商（Advance Care Planning, ACP）後，方可簽署決定。諮商團隊由 1 名醫師、1 名護理師以及 1 名心理師或社工組成。每次諮商平均 60 至 90 分鐘。

2024 年 1 月 6 日，台灣病主法施行滿 5 週年，逾 6 萬人簽署預立醫療決定，但只佔成人人口不到 1%。諮商團隊人力資源不足是運作上的一大難題。即使疫情後大量民眾湧入門診自願簽署，現有人力也難以應付。

積極推動亞洲地區 ACP 發展——以堅持聚人心

作為十多年來的幕後推手，Helen 樂見香港預設醫療指示的立法工作如火如荼進行：「立法給我們很多新的機會。我非常感恩在這段時間我們可以參與當中。但我想最重要的都是團隊，靠我一個人，就算再努力講 talk（講座），也是不夠的。我們接下來的發展方向是怎樣可以更加

「吾」可預計預設照顧計劃培訓手冊（圖片提供：受訪者）

effectively（有效地）推動這件事情。」

Helen 將繼續投身於公眾教育，在更多人心裡埋下種子；也希望醫社合作之餘，有更多政商界、法律界、媒體界的持份者參與其中，為種子提供合適的土壤與氣候，形成生態。春來秋去，靜候其生根發芽，碩果累累，接下來便是交給時間了。

跨越商界與社企，情繫基層服務改變生命

07

生命有週期，像一場戲，有開場就有落幕。怎樣算是完美地走過人生路？魏文富先生（Simon）是中大校友，亦是開社企公司的商人，他將從商經驗用在服務社企上，涉足車房、髮廊、基督教殯儀業，付出半生光陰為年輕釋囚、邊緣青年、基層市民服務，他卻說，一切成就掌握在「祂」手裡。

縱橫商界、社福界逾 30 年，Simon 深切體會到人的力量能發揮無限可能，驅使我們在生命的兩極之間砥礪前行。「我經常覺得人才最重要，無人無得搞，『齋噏』做不到大事的。」

Simon 為人快人快語，訪問這位前中大校友會聯會會長、現任中大校友慈善基金董事、基督教豐盛職業訓練中心（下稱豐盛）主席、完美句號基金有限公司（下稱完美句號）主席及香港社會企業總會理事時，筆者就知道他是位「轉數快」且對生活充滿幹勁的人。他喜歡廣結朋友，不吝與筆者分享如何靠人與人的聯繫，撮合商界和社福界積極參與社會服務，建立策略性伙伴合作關係，攜手為社會發揮影響力。

社會企業種子源於中大

Simon 坦蕩蕩分享，他自小就愛玩、愛找新路向：「我在屋邨學校讀書，牛頭角下邨聖道小學。後來在天主教伍華書院（現稱天主教伍華中學）讀書，在男校的成長過程好好玩，踢波、打籃球、捉棋，中學年代過得好開心。」Simon 在高中時沒有修讀附加數學（Additional Mathematics），但憑藉衝勁和努力，在香港高等程度會考（已停辦）獲取 1A1B 佳績，直入中大數學系，不過因數學底子不如人，便轉到商學院繼續學業。

「我在中大二年級時信主，發現商學院的人都不是傳聞中的『好市儈』。原來商人在香港可以發揮好大作用，對經濟好有貢獻，商人都可以是忠的，不是奸的。機緣巧合下，我與同學創辦崇基扶輪青年服務團，一班商學院的同學搞社會服務，一樣 OK！也許就在那時候，埋下從事社會企業的種子。」

紅色的應林堂（崇基學院學生宿舍）外套，如同青年熾熱熱血的心。Simon（左一）與一眾志同道合好友，組成崇基扶輪青年服務團，主席、副主席、司庫等人在公在私都打成一片。（圖片提供：受訪者）

「豐盛」的轉捩點

1981 年從中大市場學系畢業後，Simon 從事傢俬市場營銷。花 5 年時間升到高級職位，Simon 感到事業開始停滯，便想尋找新機會。「機緣巧合下，看到 30 多歲身家過億、被譽為『牛仔褲大王』楊釗接受節目《星期一檔案》的訪問，我好敬佩他年少時隻身從惠州偷渡來港，由製衣廠工人成為到跨國企業掌門人。」時年 27 歲的 Simon，憑「夠膽就去」的信念，寫信毛遂自薦，結果成功獲聘。後來 Simon 自立門戶，做回老本行開設傢俬公司，創立永佳鋼具工程公司。

基督教豐盛職業訓練中心向青少年釋囚、戒毒康復者和邊緣青少年提供職業訓練，扶助他們建立謀生技能，主力提供車房及髮廊的訓練。（圖片提供：受訪者）

因為傢俬生意，Simon 認識了荷蘭宿舍的院長，當時院長剛出任豐盛董事，忙於訓練中心的工作，需要人手協助。Simon 在 2000 年加入豐盛，2002 年加入董事會，2006 年出任董事會主席至今。

「原來將商界經驗放在社福界，能夠起到很大作用。生意人與社福界人互補長短，如魚得水，這是我的藍海，好玩到暈！當他們在商業決定上猶豫不決，我可以提供很多意見，做到很多成果。例如髮廊生意，因為以前曾蝕本倒閉，董事會有不同意見，後來我用數據分析說服大家，聯同協青社合作，場地、單位、拍檔，一應俱全。」髮廊生意開展後，不足一年便收支平衡，是 Simon 最快「上馬」又是最快賺錢的計劃。「我們好開心，大家隨後推舉我做主席，於是我就一直做到現在。」

社企氛圍靠政府和業界推動

「2006 年，政府開始大力推動社企，需要經驗之士加入，好多商界人漸漸進入社企，為社會發揮影響力。營運之外，我們進一步構思，於是成立豐盛社企學會，推動社企發展、學術研究、政策倡議。不少商界人士以為，社企是無法『做大個餅』。我說，你不參與，又點可以愈搞愈大？社企是有社會目標的，真的是一個企業，現在開始多人明白什麼是社企，所以我希望集合更多力量，個餅可以再做大點。」

行動力十足的 Simon 找來中大校友、工業總會、廠商會合作，舉辦香港社企秋交會。「以前叫中國進出口商品交易會，又稱春交會、秋交會，每逢春秋兩季外商會來進行大批買賣貿易。我想通過工業總會及廠商會，召集商界來看展覽和攤位，看香港社企提供的服務，實行互動互買，即 B2B（Business to business，企業對企業服務）。」

「順帶一提，社企推行的『良心消費』限於 B2C（Business to customer，企業對消費者服務）。我希望商界與社福界多點合作，推動多點人認識社企，讓政府看見社企的重要性，加強社會對社企價值的認同。」

「商界目前都需要與社企合作，做好 ESG 投資，即環境保護、社會責任和公司治理，通過與社企產生 social impact。真的可以做得更加好，有得做！」

摸著石頭過河做殯儀

在豐盛 20 週年時，董事會上談及將來發展殯儀事工，卻遭不少董事反對。「一來難做，二來中心宗旨是協助年輕人，殯儀似乎未能直接幫到年輕人。我心有不甘，居然自己做主席都無力推行，於是決定自己開公司，找人手，成立完美句號。」

Simon 指，未經歷過家人離世是不會知道如何辦喪事，他辦社企不是

完美句號於 2013 年註冊成為非牟利機構，為貧困家庭提供基督教殯儀服務，並推動生死教育。截至 2022 年 12 月，完美句號服務超過 1100 個家庭，大部分是領取綜援和低收入人士。（圖片提供：ORKTS）

為賺錢，而是希望令喪親者哀傷時得到安慰，安心處理喪事，同時讓大家看見基督的愛。「當一個基層人士喪親，又缺乏金錢，好徬徨的時候，你對他的幫助將會很大。」

訪問下半場，Simon 邀請完美句號董事、註冊社工鍾廣雄詳說何謂基督教殯儀服務。「我與文富相識於同一間教會，我一向對殯儀工作深感興趣。殯儀行業是一門很大的生意，但是行內運作不透明。殯儀很難做，難在於我們都不認識。我是讀社工出身，相信大學沒有一門探討香港殯儀的專科。沒有透徹認識，我們差不多由零開始，怎樣辦理手續？怎樣買棺材？怎樣安排靈車運送靈柩？如何讓別人將辦身後事這段重要的事情，交給一個完全不認識的機構？」

禮儀帶來療癒

鍾廣雄分享了一個印象深刻的告別故事。「我們不只服務老人家，也做過流產胎兒、小朋友去世的個案。其中一個在出生後被診斷為患有智力障礙的女孩，她身體殘疾，無法步行，10 多歲便過世，她的母親獨力撫養她。其中一幕很深刻的是，我和女孩母親在靈車上前往火葬場，路途上，母親向著靈柩說：『是媽媽做得唔好，沒有好好照顧你。』我向她解釋：『你的承擔是很寶貴的。』這些點點滴滴，都令我很大感觸。」

透過不斷接觸家庭，完美句號建立了良好口碑，並與服務對象建立互信關係。「其實不是我們去服務他們，而是大家在過程中漸漸成為朋友，互相給予對方信任，一起行一段很重要的路程。我們會堅持，這是一份很有意思的工作。」

「我媽媽早在我年少時過身，對於失去重要的人，印象依然深刻。與家庭接觸時會感受到他們的沉重、難過。儀式是很有趣的，禮儀本身可以帶來療癒。我們希望帶來正面影響，好好透過儀式悼念死者，嘗試與他們分享信仰，紓解在世者不捨的情懷。」

公司前線人手不多，只有兩個人，但憑藉服務基層市民的決心，加上發展漸漸成熟，愈來愈多基層家庭找他們。「我們除了基督教殯儀，也做無宗教的告別儀式。我們會與家屬討論他們理想的形式和環節，盡量配合他們，做得幾多得幾多。」

完美句號的服務按家庭狀況收費，如果是綜援家庭，收費會比市場公價便宜幾千元。「作為社企，所有收益除了扣除同事的薪金，我們也會按基金形式運作，為經濟困難的家庭提供免費服務的援助。亦有人因為欣賞我們的努力而捐款，我們也會用善款回饋社會。」

完美句號亦進行生死教育工作，在長者中心、青少年中心、教會內青年團契，分享殯儀工作、生命課題。Simon 指：「不少人好奇『棺材佬』的工作，也有人覺得做殯儀是『老粗』工作。日本電影《禮儀師之奏鳴曲》描寫殯儀可以是一件很祥和的事。對受惠人士而言，我們不單做儀式，更是心靈導師、哀傷輔導者。」

基督徒看生與死

生命無常，Simon 深情分享:「我爸爸好突然就過身，他死的時候 64 歲，我今年也是 64 歲，所以我現在是長命過我爸爸了！他走得好突然，話走就走，完全無準備。我當時仲開緊會，媽媽打電話來說：『你爸爸唔得喇，快回來吧！』即使我立即趕赴，可惜他已經走了。人生可以好突

Simon 自言是「阿伯殺手」，與悲觀的長者特別「有偈傾」：「我說，你試試回想人生，不要只想上帝對你差，你一定有好事發生過，一談起就不停，愈講愈開心。我說，上帝對你不錯吧，天不會常晴，也會下雨，下雨也有下雨的好玩之處！」（圖片提供：ORKTS）

然，你幾時回天家是上帝決定，不是你決定的。」

「我好喜歡讀聖經，特別是《傳道書》，每個人都有一個召命，你要去找，去領受，然後安心做好本份，不要羨慕別人，你就會覺得開心。召命亦會變，不會一成不變，突然間又會有新的路開給你，去嘗試一下，又會好開心。《傳道書》述說，無論聰明人還是愚昧人，命運終究都一樣，就是同樣面對死亡。所謂人死如燈滅，但其實非也，人死還有後續，你現在要為你所做的事負責，上帝最終會審判。」

疫情後新出路：社創加科創

香港社企需要什麼支持？「商界支持，更多人的參與，吸引更多人認識社企，做大社企個餅。社企只做社創，很難進一步發展，最好加入科技元素，社創加科創，就是一個很好的組合。例如透過更多網上媒體宣傳，在網上賣社企產品。其實政府都支持的，希望透過社企減低社會福利支出，社企做得好是會幫助到社會。解決問題之餘，還可以持續發展，產生不同效果。」

Simon 又有新想法：「COVID-19 出現，老人院疫情爆發，好多老人家無法外出睇醫生，於是開始有遙距醫療。我和校友構思了一個配備網上預約系統的遙距診症項目進駐科學園。」

訪問尾聲 Simon 分享最愛的金句：「《羅馬書》第 8 章 28 節說：『萬事都互相效力，叫愛神的人得益處。』好多事其實上帝自己做到，但上帝會邀請與你同工，一起做好事，造福社會。記得，『天助自助者』，你要人幫你，你先要自己肯幫自己。如果你不起動，等天安排，有排啦。如果你開始做起，別人覺得你奮力去做，其他助力就會自然而來。」

完結，伴隨的是美，讓你我看見生命各種美的形態。生命如夢幻如泡影，無常得叫人無奈。秉持心中善念，覺察生命的意義，我們就更能看待生命的遞嬗與轉化，珍惜生命的可貴，「完美」度過生老病死。

李月裳
中大耳鼻咽喉—頭頸外科學系言語語言病理學專業應用副教授

言語治療專家打開溝通之門，「語聲」鏗鏘創社會迴響

08

很多人將學前兒童發音不正，歸咎於未完全發育；長者進食困難，也只能由其退化；其實這些都是誤解。言語治療專業，旨在處理患者在人生歷程中遇到的溝通問題及吞嚥障礙，從而改善其生活質素、身體健康和社交溝通能力。

李月裳博士（Dr. Kathy Lee）是中大耳鼻咽喉—頭頸外科學系專業顧問及言語語言病理學專業應用副教授、中大言語治療科的「創科開荒者」、前任言語治療科主管，亦是香港首屆言語及聽覺科學學士課程畢業生，更是創立粵語為主的語言測驗的第一人。讓我們聽她分享，從事言語治療專業的 30 多年經驗中，如何打開溝通之門，拆解「不能說」的秘密。

第一屆畢業生

1986 年，Kathy 從中大人類學完成學士課程，後來再用四年修讀言語治療學士課程。別人質疑她讀兩個學士課程是浪費錢、浪費時間，她卻有理有據：「人類學教識我包容不同文化和人，而語言學是人類學的其中一個主要研究範疇，我對語言學好有興趣，我發現言語治療這個工種，可以將語言學應用在工作上。」Kathy 視學術路途的改變不是兜圈，而是抱著無懼挑戰的心，推動自己進步。「從人類學畢業後，我在一間特殊學校做協助言語治療教師（Teacher Assisting in Speech Therapy），獨立帶學生做訓練。做了兩年，由於沒有經過專業訓練，

Kathy（後排左三）是第一屆港大言語及聽覺科學系的畢業生（圖片提供：受訪者）

理論基礎不夠，每每抱住嘗試心態，但總是發現自己做得不如理想。花費我的時間是其次，浪費學生的時間就很有罪惡感。」

「如果放棄，我就會後悔；如果我繼續做這份工，可能升做主任、校長，但未必是我喜歡的工作，於是我決定辭職讀書。我是第一屆港大言語及聽覺科學系的畢業生，我成為了言語治療師。」

「這個工作好精彩」

成為言語治療師前，必須進行密集式實習。例如現時中大言語語言病理理學碩士課程的學生，要進行至少 300 小時的實習。Kathy 續說：「兩年讀書時間內，不要期望做兼職或有時間玩，你根本 24 小時也不夠用。有沒有壓力？視乎你自己的抗壓能力和態度。」

「很幸運，我發現這個工作好 fascinating（有趣），讀完之後我一直做都好鍾意。」Kathy 滔滔不絕分享工作的樂趣：「我們大部分時間都是『睇 client』（會診），其實每一個 client 從門口入來，都是不同的人，就算兩個人都是中風，情況也不一樣。每天都是新挑戰，毫不沉悶。」

治療人生的一頭一尾

言語治療是為有溝通（包括聽、說、讀、寫）及或吞嚥障礙人士而設的專業康復服務。「言語治療師服務的對象好多。人的一生之中，都有機會被我們服務。由早產嬰兒不知如何吸或食、兒童說話發音不正確，去到成年人用聲不當、說話不流暢，再去到長者，不幸中風後影響到腦部運作形成失語症、認知障礙的情況。」

畢業後首三年，Kathy 在衞生署兒童體能智力評估中心工作，Kathy 笑中有淚說：「其實讀了四年書，很多知識都是很皮毛。我記得看第一個自閉症小朋友，每次診症他都會圍著房牆壁四面走，或者不斷哭泣，我預備好的材料都做不到，我好沮喪，還會發惡夢。幸好，當時實行跨專業團隊管理，兒科醫生、心理學家、職業治療師等都會給意見。後來發現，我應該同時轉介這類小朋友給職業治療師，為他們提供專注力的訓練。」

說起最深刻的事，Kathy 感恩工作為她帶來生命哲學：「我第一次去慈氏護養院時，只有 5 年經驗，遇見一位才 20 多歲的長期病患者。她一夜之間腦部爆血管，變成植物人，當時更有身孕，要剖腹取子。我的任務是要找一個媒介，讓她與外界溝通。有日，我發現她床頭有幅照片，原來是家人帶來的，照片中她的女兒已經兩三歲。我拿著照片，給她看，她是有反應的。原來她不是對世界無知無覺，她看到，隨即臉露笑容。後來我訓練她使用眼睛溝通，以眨眼次數表示接受和拒絕，我終於打開了她的溝通之門。」

「我們生活之中有好多埋怨，其實可以呼吸、行走，已是一個福氣。我無宗教信仰，但我覺得做人要抱著感恩之心，無論對人對事，我都會感恩。」

做一個「花園管理員」

由最初每日都要把工作帶回家做，Kathy 變得更有把握做好看診工作，她仍然追求進步。「去到這個階段，我覺得要轉一轉。我記起一個職業輔導講座，講者分享說，你要把職業發展當作管理園藝，土地長出很多花草，你想怎樣行，就要不斷修剪，路才能走出來，如果你任由花草亂生，就會很混亂。」

「我想跳出去面對一個更闊的患者群，因此我轉到醫管局工作。當時我以言語治療師的身份加入耳鼻喉團隊，開展一個人工耳蝸的項目。那時是一個新的項目，有言語治療師、聽力學家、耳鼻喉科醫生、精神科醫生等做一系列評估及訓練。除了聽障患者，我還遇到很多其他我沒有看過的病人。有些時候要在一個鐘內判斷七八個病人的進食狀況，在醫管局工作十年，我學習到如何處理成年人個案。」

Kathy 強調：「不斷學習，在職業發展上是十分重要。基本上，你畢業之後沒有人再教導你，要靠自己進修，或者尋找一些學習機遇。當時言語治療界缺乏評估工具，由外國引入的，應用在香港又未必適合，不同

中大在 2007 年 8 月 1 日正式成立「耳鼻咽喉—頭頸外科學系」，是香港專上院校中首個獨立的耳鼻咽喉科學術單位。（圖片提供：中大公關及傳訊部）

機構各行其是，分別使用不同的評估工具。於是我有一個心願，好想做一個系統化的評估工具。如何迫自己好好地做？就是去讀書。好多人問我：Kathy 你是否想轉行做學者？我完全沒有想過，我只是一心想做評估工具。我決定讀 PhD（博士學位），做第一個可以測試聽障兒童的言語感知能力（即聆聽聲音後可分析語音）的工具。」

一人之力成立言語治療科

Kathy 在 2005 年加入中大。「當年是一個全新的學系，之後再分開不同的 divisions（科），我成立了言語治療科，整個科只有我一人。之前都是看診，現在的工作領域更闊，是我的另一個挑戰。」由一個人，到現在部門有 10 多人，外人覺得很了不起，Kathy 卻謙虛笑說：「我們依然很窮！其實都是靠自己爭取研究資金來養活自己。我們會爭取研究資金做研究、教育和社區活動，在中國內地、香港及澳門推廣言語治療。」

性格低調，對做生意零認識，如何搞社企？

坊間不少人認為言語治療師「高薪厚職」，單靠專業牌照，可以做到退休。Kathy 認為，在不同崗位靈活變通地工作，是專業人士缺乏的特點。「名就好聽，但我見到好多同行被自己的 ego（自我）浸沒了，覺得自己好偉大，什麼都懂。其實世界好多變化，以前學的未必一定正確，所以我覺得要放下身段，與時俱進。」

Kathy 進一步說，身為專業人士，更要不斷深造，維持水準，做好聲譽：「你的知識一定不足夠，所以當年我過中大後，每年都會舉辦深造研究和相關培訓。我會自己去外國上課，覺得好，就會邀請專家來香港分享。我自己是『紅褲仔』出身，循序漸進地做臨床治療至學術研究，所以我們的培訓課程很受歡迎，內容夠貼地。去到這個階段，我就想，不如成立一間公司？這是我們想做 B2B 的原因。從培訓項目入手，正是因為行內有很大需求。」

遊歷各地，Kathy 發現，大眾對言語治療理解有謬誤，更看到言語治療專業的痛點，於是激發她開設社企的念頭，冀運用專長造福社會。

2021 年，Kathy 及團隊獲中大可持續知識轉移項目基金（S-KPF）支持，成立「語聲社企有限公司」（語聲社企）。「語聲」顧名思義就是語言和聲音，語聲標誌用英文字 S（Speech）及 H（Hearing）組成昂首人形標誌，象徵以人為本的價值。

開公司前，Kathy 知道要如何持續營運嗎？「我不知道！但我覺得 nothing to lose（沒什麼可失去的）！好感謝中大，中大好好，除了提供 S-KPF 資金，又會有顧問跟進，我是完全不懂搞生意的。大學給錢我做生意，成功就繼續做吧！」

語聲社企團隊主要成員（左起）：Sam Ng、Keely Yau、Wilson Yu、Kathy、Valerie Pereira 及不在照片中的 Thomas Law 和 Iris Ng。最令 Kathy 痛苦的是「管數」和行政，但她慶幸有一個好的團隊，當中有將近合作了 20 年的成員，各人會負起責任，讓她放心。（圖片提供：ORKTS）

Kathy 特別感謝顧問 Fiona Wat 的指導。「其實我好怕死，每一次踏出 comfort zone（舒適圈）便會掙扎。之前我不太想搞社企，我本身是一個低調的人，有時做訪問，我推得就推，不想太多人認識我。但是，當別人推廣錯的觀念，例如小朋友不懂說話是因為黐脷筋，只要做多一點舌頭操，就會開口說話，我會跳出來說，不是這樣的。雖然辛苦，但是源於『唔抵得』，我會繼續做。Fiona 對我說：『Kathy，你做人可以低調，但做事要高調。』」

Kathy 相信聆聽的力量：「我們各人的想法不是百分百一致，過往合作是不會情緒化，而是討論。很多時聽到最後，我會放棄自己的想法，雖然有時我覺得自己想法比較好，但如果大部分人都想要另一個選擇，我會跟隨大家。一個集體腦袋，總好過我一個人的腦袋，畢竟一個人總會有盲點。」

發起語聲，漣漪效應

2022 年 8 月，語聲社企聯同中大耳鼻咽喉—頭頸外科學系及人類傳意科學研究所共同舉辦「香港粵語能力測試（學前版）」發佈會。出乎意料地，語聲收到 187 位義工登記，當中 100 位是言語治療師，其他有心理學家、老師、社工。

「我講解成立語聲的原因，做社區工作、舉辦活動及研發專業評估工具，希望賺錢後回饋社會，跟進低收入家庭、無能力支付治療費用的個案。我相信，This is a platform for all（這個平台服務所有人）。」

「我知道 187 人是虛火，於是聖誕節再開幾場 Zoom（視像會議），看看大家反應。其實留下的只有 10 多人。意外地，他們不只願意義診，更提出關心難民、做家訪，又透露很多長者出院後不按指示進食，校本言語治療師亦有好多困難。香港的言語治療師分散各自做，做得好辛苦，如果可以集中資源在語聲就更好。」

「開完 Zoom，我是有點激動，原來世界上有人想做更多好事。專業人士有時好『離地』，看不到基層需要，但語聲社企可以為專業、為社會做更多好事，走入社區。」

教授的「心理時鐘」

「我有一個階段是好辛苦，那時我在威爾斯親王醫院工作，負責範圍也包括北區醫院，當時我一星期要去一至兩日的下午時段，但住院病人不斷積累。最高紀錄是一個下午看 20 個病人，我要以快速的評估決定他們能否進食。那時，上班前已經開始胃痛，一直到晚上。我想，不可以長此下去。我調整自己的心態，把下班時間暗自調到夜晚 7 時，實際下班的時間其實沒有改變，但因為這個心理的調整，時間好像變得充裕，我再沒有胃痛。」

除了心態，坊間常講工作和生活平衡（Work-life balance），Kathy 卻認為：「別人問我，Kathy 你忙碌嗎？以前我會答好忙，現在會答，還是老樣子。以前早上做瑜伽，我會覺得好有罪惡感，我應該回辦公室工作。現在我提倡 work-life integration（工作和生活結合），生活與工作是分不開，放假時我也會查電郵、覆問題、做公事。我覺得生命中的時數，不是工作就是生活，兩者密不可分，所以不太辛苦。」

走入 Kathy 的辦公室，旋即被「綠化閣」生氣勃勃的植物吸引。（圖片提供：ORKTS）

持續學習，遇見更好的自己

無論你是什麼年紀的讀者，如果你仍三心兩意，不知應否「追夢」，Kathy 寄語：「有人說我投資 4 年再讀書是浪費青春，但試想想，一個人起碼有 60 歲，4 年真的不是很多。年輕人問我值不值得做一件事，我說，如果你喜歡，絕對值得。我會反問你，究竟你多渴望去做這件事、做出改變？你的熱誠會推動你去實踐，不是有目的，而是打從心底去行動。每一個人都非常獨特，我的處事心法是，以人為本，從心出發。」

社工學者伙智障人士共融共創，推 APP 規劃自主人生

09

2024 年巴黎殘奧會中，港隊收穫累累。20 歲泳將陳睿琳奪得女子智障組別 S14 級 100 米蝶泳銀牌，再度成為本港驕傲。10 歲時偶然打開游泳這扇窗，陳睿琳開始接受正式訓練，一次次打破自己創下的亞洲紀錄，求超越自我。人或許有先天或後天的侷限，但都無阻擁有精心繪製的明天。

60 年前，中大首創本港社會工作本科生課程，廣進優質師資，學系至今已培育出超過 8400 名畢業生，在前線、管理層、研究機構等崗位發光發熱。中大社會工作學系高級講師暨本科課程主任黃敬歲博士（Dr. Wong King-shui, Phyllis）最初在社工前線奮戰，之後倡議推動立法，為殘疾群體提供更多保障，最終進入教育界培養下一代新血，促進學術交流。自 1997 年推生活質素概念，歷經 28 年研究，Phyllis 團隊最新研發出為智障人士度身訂做的自我決策培訓課程，強調「由我，非代我」的理念，將研究成果轉化為電子學習資源，惠及社群。

從義工到社工

服務社會的種子自小時候就種在 Phyllis 的心中。居住於徙置區直至大學畢業，受探討時事的電視節目薰陶，Phyllis 從小關注本地社會議題，一直心繫基層街坊。「我內在有一股動力和熱誠，很想多了解他們，也很想做一些事幫助大家改善生活，我認為這是一件最美滿的事。」

Phyllis 深耕於本土。為接觸不同社群的人，Phyllis 中三暑期就開始做義工。服務了青少年、長者和智障人士三個群體後，Phyllis 感覺與智障人士相處非常開心與舒適，親切地向外界稱呼他們為「智障朋友」。在經濟起飛的年代，一般人選擇熱門行業，Phyllis 則鎖定社工之路，並始終致力於服務智障朋友：「當時絕大多數社工同學畢業後從事主流服務如家庭或青少年範疇，那還有哪些人會為我們的智障朋友爭取權利，改善生活呢？」

Phyllis 性格外向，年輕時愛遠足、潛水，更是學校泳隊和彈網代表。現時經常到處旅遊和攝影。（圖片提供：受訪者）

Phyllis 為社群服務多年，曾出書、擔任職員培訓、公開講座的講師及服務顧問，她享受與智障朋友打成一片，更與佩華（圖中女士）建立 20 多年珍貴友誼。（圖片提供：受訪者）

Phyllis 也曾是窮遊背包客的一員，遊歷 37 個國家，親身走過許多政治、經濟和文化截然不同的國度，如俄羅斯、波蘭、土耳其和芬蘭，見識到文化差異下，原來人們對幸福快樂的追求很不同。「香港人，買不到樓就不開心，買到樓又愁供樓，其實人生有好多花款，最重要的就是知道自己喜歡些什麼，需要些什麼。跟著自己的路走，人就會開心了。」加上母親突破傳統觀念，兒時在鄉下不理外祖父反對，堅持上學讀書求知識，在上世紀 30 年代重男輕女的環境下，一個小女子勇於創出自己人生路，Phyllis 自小深受母親觸動和啟發，決心將研究重心放在自我決策與人生規劃上，希望智障朋友們也能活出精彩人生。

現時，香港社會福利署為智障人士提供包括職業康復、日間訓練、住宿和社區支援等服務；醫院管理局為智障成年人士提供綜合醫療護養及康復服務；教育局為智障兒童提供教育支援與資助。回想起 1990 年代初剛入行時，Phyllis 感嘆當時殘疾服務質量不佳，社會各界投放的資源也很少。「我實習的時候，有一位嚴重智障的男子，他已經 30 歲了，16 歲在特殊學校畢業之後，就完全輪候不到智障服務。他最初讀書，還能張口叫媽媽，學會一些自理能力。但之後 14 年，只能靠媽媽一人留在家裡辛苦地照顧他，能力也倒退了。我覺得很心痛。」

尋夢、築夢、追夢、圓夢

Phyllis 於 2019 年獲優配研究金（General Research Fund, GRF）資助，研發一套自我決策素養的培訓課程並進行實證研究，目標讓智障人士透過系統的訓練，掌握自我決策的素養和技巧。疫情期間，招募智障人士不易，實驗時間跨度也很長。但皇天不負苦心人，研究數據證實她的這套培訓有助於提升智障人士自我決策的素養及個人幸福感。忙於在國際會議及學術期刊分享研究成果之際，Phyllis 也在思考：如何才能把研究成果轉化為通用工具，讓機構與智障人士在日常生活中使用？

她的答案是通過中大知識轉移項目基金（KPF），開發電子資源網站與「我自己、我主導」輔助學習應用程式（APP）。適逢 KPF 申請季度，Phyllis 便把握機會，與兩位得力伙伴關卓倫（Kay）與胡贍文（Jim）一同籌劃。Kay 非社工出身，但有從事殘疾人士相關服務的經驗，負責與製作網站和 APP 的技術團隊協作。Jim 曾是 Phyllis 的學生，社工實習時很享受與智障人士相處，於是畢業後繼續在前線為他們服務。Kay 當媽媽後再出山，她加入了 Phyllis 的研究項目，以研究員的身份回到前線。Phyllis 形容團隊三人「各有特色，互補長短，又可以發揮不同強項，一個拼圖拼起來就剛剛好。」

團隊力求完美，在研發期間不斷找目標用家測試、收集反饋、改進、再測試⋯⋯困難重重，團隊也一一攻破。第一，開始時仍是疫情尾聲，招募測試員不是易事。慶幸不少殘疾人士服務機構熱心合作及積極回應，為 APP 不斷改良提供可靠數據。團隊會從機構的角度出發，化解難處：「我們優勝在都曾經於機構工作，很明白機構的處境，所以會知道應該在哪些時間找他們，在哪些狀況下，他們願意協作。」

當被問及團隊最深刻的回憶，大家不約而同回想開夜車的日子，凌晨 12 時才離開中大，三人全程投入開會，為那團火奮鬥，相視而笑。（圖片提供：ORKTS）

第二，收集反饋時需要配合智障人士的特質。因此團隊特地製作影片，讓用家直觀了解 APP 的設計構思，也人手設計製作了 30 多版圖畫，模擬 APP 的操作方式，從而徵求用家的意見。第三，改進過程中也要確保技術團隊明白要改的地方以及為什麼要改。團隊特地帶領技術團隊親身到訪機構，當面傾聽用家的反饋。

與技術團隊合作緊密的 Kay 感嘆：「我們經常提要求，都說字、icon 要大一點。然而技術團隊經常都不明白原因，說『其實已經很大了』。然後當他們見到用家試用時，會發覺對用家或者視力沒那麼好的朋友來說，用手指按很困難。當他們親眼見到，就更明白這些困難，一起想辦法。這也是我們一路合作的方式。」

共創令一加一大於二

國際殘疾人服務領域特別重視「無我不成事（Nothing about us without us）」。Phyllis 深知 APP 研發中用家參與的重要：「很多時候，作為專業人士，一心想著殘疾人士需要什麼，就制定一些服務給他們。但是局外人制定的，不一定是當事人真正想要的；局外人所想的，不一定與當事人的步伐相符。」

「我自己、我主導」APP 為輕至中度智障人士而設，也與智障人士共創。多方參與，Phyllis 團隊也從智障朋友身上學到了很多。Jim 形容「他們總是 think out of the box」，而他們的同理心尤其令團隊印象深刻。「他們不只想著自己，更會考慮身邊其他智障朋友的情況與需求，然後告訴我們怎樣做才更全面。」

APP 中的用字用語都經過反覆斟酌，一個「你」與「我」的分別就能給人帶來極大的體驗差異。當用家設定個人目標時，每個操作都配有文字說明與語音提示。智障朋友建議，閱讀到的內容以「我」為主語，聽到的內容則以「你」為主語。例如，使用者讀到「我的目標是」，聽到的則是「你想訂立的目標是什麼」。原來這樣，智障朋友更會覺得，APP 是輔助角色，幫助自己進入情境，訂立屬於自己的個人目標和計劃。

Phyllis 2024 年 8 月出席美國芝加哥「國際智能障礙科學研究學會」世界大會，並就共創理念演說。（圖片提供：受訪者）

共創的另一環是智障人士服務機構，包括香港明愛、匡智會、樂智協會、香港心理衞生會、香港唐氏綜合症協會、鄰舍輔導會、基督教懷智服務處。Jim 表示團隊的動力也來自機構同事的肯定。「機構同事都十分配合我們的工作。對於有機會與一個來自大學的團隊共創，他們很珍惜，亦很期待我們的 APP 問世，希望 APP 能真切地幫助到服務使用者。」

2024 年 9 月舉行「智障人士生涯規劃：由我，非代我——有助支援智障人士提升生涯規劃素養的電子學習資源發佈及分享會」，儘管活動當日天氣不佳，天文台一度發出黃色及紅色暴雨警告，仍有超過 420 人出席並下載 APP 和瀏覽資源網站。無論台上台下，都流露出既興奮又滿足的心情。

樂智協會中心前經理 Eddie Chan 表示，會員平日往返中心，亦有很多「自主自決」的機會，APP 的出現令他們更懂得解決生活難題。近年「騙案」層出不窮，當他們感到不知所措的時候，便可以用 APP 釐清自己的目標和需要，避開陷阱，所以 APP 非常適合中心會員使用。另外，參與 APP 推廣影片拍攝工作的會員反映「做主角很好玩」，家人亦更能明白子女的願望，互相認識和成長。

經過自我決策小組成效研究，了解到其實智障人士亦擁有多樣化的個人目標，他們的心願十分有趣：減肥 10 磅、擔任演唱會嘉賓、請家人飲

上：社福機構同工、特殊教育老師、智障人士及家人踴躍出席發佈會（圖片提供：受訪者）

下：Phyllis 感謝 7 間創建伙伴機構的支持，讓團隊成功招募智障人士測試員及成立意見小組，提供對設計的喜好和改善意見，不斷改進 APP。（圖片提供：受訪者）

茶等等。而他們的「身邊人」亦以生動的「話劇」形式上台分享，透過參與計劃，在溝通過程中不斷地受挫折、成功、再前進，加強了彼此間的情感連結，更有同理心及懂得尊重。

有一天我們會飛

Phyllis 常自嘲個子小，卻認為這帶來了意料之外的好處：靈巧。她特別能共情生活遇障礙的朋友，希望他們也能找到自己的長處與人生目標。「部分智障朋友知道自己有智力障礙，但他們希望不要將智障等同於整個人。他們更希望大家認識他們的個性與才能。」

香港心理衛生會觀塘工場會員黃筱然小姐愛好繪畫，夢想成為禪繞畫導

Phyllis 邀請智障朋友在社會工作學系課上帶領「真人圖書館」活動，中大同學與智障朋友相聚交流，氣氛樂也融融。（圖片提供：受訪者）

師。在 Phyllis 推動的介入小組中，她設定可行目標，認清困難與解決方案。「她想設定的目標是教工場其他工友畫畫，而困難是要找到大家空閒的時間。她通過與社工、同事開會商量，定下了時間，最後真的成功開班教工友畫禪繞畫，後來甚至參與中環街市舉行的公眾教育活動，教現場的公眾人士畫畫。」實現目標為用家帶來喜悅，更肯定了 Phyllis 團隊長期的努力。

據政府統計處 2022 年年底數據，香港約有 77,000 至 90,000 位智障人士。 Phyllis 透過這次計劃，聯繫 7 間創建伙伴機構，期望把電子資源平台及 APP 推廣得更遠。

「自我決策是每個人的權利，包括智障朋友。為自己發聲是每個人與生俱來的需要，不一定是用口講，也可能是通過眼神或者點頭來表達。」Phyllis 希望大眾能以平常心看待智障人士，尊重他們的人生選擇；避免過度保護或低估他們，共同營造一個自我決策友善環境，讓人人都能善用自己的雙翼，飛向更高更遠的明天。

第四章

陳浩然

沈劍威

盧海珊

周惠賢

遺傳病學者 30 年堅持科研路，研 AI 溝通工具破解罕見病無聲苦難

10

「罕見病病人他們沒有選擇，不能揀何時發病、何時病好。」每年 2 月最後一日，是由歐洲罕見疾病組織（European Organisation for Rare Diseases, EURORDIS）發起的「國際世界罕見疾病日」（Rare Disease Day）。

罕見疾病（罕病）泛指患病率極低、患者人數極少的疾病，大多數罕病更是無藥可醫。世界衞生組織（World Health Organization）推算，全球約 4 億人正受超過 6,000 至 8,000 種罕見疾病影響。部分患者會逐漸喪失行為和說話能力，難以與照顧者溝通，彷彿走入「等死」的胡同。

一生專注研究神經系統性疾病的中大生命科學學院陳浩然教授（Prof. Edwin Chan），他的研究成就非凡，從劍橋大學獲取博士學位，及後帶領團隊成功解開小腦萎縮症成因。Edwin 談起令人遺憾的「社會現實」：罕病製藥成本高，資源匱乏，罕病家庭往往在絕望中與死神拔河。

當最親密的家人，成為最沉重的負擔，你會如何面對？ Edwin 曾家訪要求安樂死的病人，觸動他由科學家成為社創領袖，連結各科學生，開展「Voice Link」計劃。讓我們聽聽這位文質彬彬、謙虛有禮的科學家，如何在看重成本效益的香港，突破「科研空想」，堅定實踐理想。

科學、醫學和社會意義

「有位老師說，為何人會發惡夢、發開心夢，又會忘記夢的內容？神經系統的未知，其實有無限發展空間。」Edwin 是中大生物化學系的畢業生，對神經科學深感興趣。1995 年畢業後，他負笈英國劍橋大學修讀遺傳學哲學博士課程，在一個「真人圖書館」模式的研討會上，不同病人現身說法，他發現原來很多病症與腦神經有關。

及後，Edwin 遠赴美國賓夕法尼亞大學（University of Pennsylvania）接受生物醫學博士後訓練，留在解剖實驗室的歲月，使他對疾病感觸良

本書另一位主角邵鵬柱教授（李達三葉耀珍中醫藥研究發展中心主任）在中大春風化雨近 40 年，培育了不少出色的科研人才。原來，當 Edwin 仍是一年級學生時，邵教授讓他到實驗室幫忙種菌做研究，成為他開展科研路的起點。Edwin 感激恩師提拔：「2024 年是我發表第一篇研究論文 30 週年，感謝邵教授的啟蒙。」（圖片提供：受訪者）

多。1999 年起，他開始專注研究罕見神經系統疾病的致病機制。

做研究，出好論文，有好名聲，原以為繼續跑這條康莊大道。由香港跑出世界，為何 Edwin 最後選擇跑回香港？

Edwin 曾遇上不少恩師，其中一位在美國史丹福大學（Stanford University）做研究的陸家盛博士，毅然放棄職位，到中大生物化學系執教。當時，Edwin 不解恩師這個決定，老師的一番話，讓他銘記於心：「如果每個從香港走出去的科學家都只會留在外國發展，那麼香港下一代的科學家誰來培養呢？」Edwin 續說：「香港是我長大、接受教育、給我機會做研究的地方，所以我一直都沒想過去其他地方。」

留住病人心聲

有研究顯示本港每 67 人就有 1 人患罕見病，佔整體人口 1.5%。罕病患病率極低，加上藥物特殊性，往往被大眾社會所忽略。研究人員要申請資助，抑或找藥廠製藥，實在舉步維艱。

Edwin 時常面帶微笑，但過去近 30 年的科研路，實在走得艱苦。「好多同學、前輩都勸我：『不如你轉行吧，罕見疾病好難做。你講得很好聽，有 7,000 多種未做，做到退休都做不完，但是每一個病可能只得幾十個病人。』我曾經申請研究基金聽到，病人太少了，你籌多幾個病人，再來找我。那是不可能的事情！如果我遇到挫折就放棄，怎麼去面對病人呢？不做罕見病，我自己都看不起我自己。」

2018 年，Edwin 召集不同專科學者，成立罕見神經退化性疾病科研聯盟（罕科盟），讓成員交流醫學資訊，透過不同推廣提高公眾的認知。

2020 年，罕科盟在 YouTube 發佈小腦萎縮症患者陳施惠的影片，點擊率突破 16 萬。「她只能用哭泣表達情緒和需要，她完全做不到任何事。」Edwin 早在施惠患病初期就認識其媽媽，她哭訴女兒與「活死人」沒有分別。

Edwin 語帶哽咽說：「在家訪期間，我沒聽過病人說過任何一句話，因為她已經喪失說話能力。臨離開時，我問施惠媽媽你最想和女兒做些什麼。我以為她想和女兒去看電影，我本可以爽快說：『沒問題，我抽時間載你們去！』但是出乎意料，媽媽說，她想知道女兒在想些什麼，因為她十幾年沒跟女兒聊天，連她是否想要杯暖水，吃塊餅乾，都是靠估。」

不少罕病屬於退行性疾病（Degenerative disease），病人病況只會愈來愈差。「小腦萎縮症是一組導致小腦細胞逐步死亡的慢性遺傳疾病。我們希望抓緊時機，趁病人還有語言能力，用人工智能技術幫助病人與照顧者溝通。」

病人無法表達的，AI 科技聽到說到

2023 年 1 月 6 日，罕動力有限公司（Rare Power Limited）成功註冊，是一間針對罕見病的生物技術初創公司。Edwin 作為創辦人，經歷過尋找投資者失敗和不斷嘗試，他發現在整個治療旅程中，病人和照顧者均會遇上生理問題和心理壓力。罕動力針對病人旅程（Patient's journey），提出「3C」使命及服務：check（檢測）、care（關懷）、cure（治療）。Edwin 更召集不同專業的學生，開展 Voice Link 計劃。

很多罕見病都是遺傳引起，完成第一步的基因檢測（Check）後，病人還要面對確診、選擇治療方案和面對治療帶來的痛苦。當疾病的嚴重程度達到不能逆轉的階段，便需要接受紓緩治療（Palliative care）。藥物之外，病人還有什麼希望？

「Care 是最多元，也是最具挑戰性的，因為病人在不同階段有不同的需要。 Voice Link 計劃，目的是在病人病發初期，錄製他們的聲音特徵、語調和習慣（Speech pattern），使他們病症嚴重時，利用 AI（Artificial intelligence，人工智能）技術及龐大的數據庫，辨認病人的指示，最後用他們病發之前的聲音將心聲說出，改善與照顧者的日常交流。」

「下一步是利用病人聲音產生數位化生物標記，與 AI 演算法（Algorithm）

Edwin 團隊的計劃可讓患者在平板電腦上選擇想表達的句子，播放自己的聲音，從而表達心中所想。（圖片提供：ORKTS）

融合，為病人 tailor-made（度身訂做）一個編程，辨認患者現時病情，再預測他將來退化的軌跡。這是藥物研發外的另一種支援，我們期待成功生成這個 communication tool（溝通工具），算是給現在暫時未有藥可治的患者一道曙光。」

在 Voice Link 計劃中，Edwin 團隊透過家訪病人，預錄最常用的 40 句生活指示，例如去洗手間、你幫我買碗叉燒飯、多謝司機（康復巴士）等。家訪結束後，團隊成員試驗通過 AI 技術學習患者的語言特徵（如語調、表達習慣），從而達到由聲音到文字的轉換（Voice-to-text conversion）。當患者的病情逐漸惡化，語言能力不斷退化後，仍然可以在平板電腦上選擇想表達的句子，精確播放出自己病情退化前的聲音。團隊正通過 AI 技術努力實現由文字到聲音的轉換（Text-to-voice conversion），試圖從晚期患者含糊不清的隻言片語中，推斷出他們想要表達的意思。

患者及家屬的友善和熱情令團隊成員十分感動。有茶水招待，更有患者的殷切期盼：希望 Voice Link 的服務能早日問世。或許他們自己等不到那一天，但他們也希望這樣實用又有意義的服務能留住更多罕見病患者的聲音，幫助他們「開口」說話。團隊成員也體會到現時社會為罕見病患者而設的配套設施及制度的不完善，深深明白患者及家屬的恐懼與無助。

「病人的說話能力一年比一年差，要訓練 AI 追上 deterioration（惡化）很有挑戰性。不同病人階段、病症都有不同，這是一個很個人化的服務，老實說，沒有什麼投資者願意做這方面的投資。」

Edwin 仍然相信，AI 溝通工具充滿發展機會。「我們可以參考數據，分析病人說話能力，同步研究藥物是否有效。澳洲有一間公司提供類似的服務，並研究發展 AI 溝通工具產品。但在華語地區、用廣東話的，我可以說是沒有的。」

跨界別超級聯繫人

「我現在的角色除了做科研之外，還是『超級聯繫人』，也是個罕見病領域的 resourceful person（足智多謀的人），認識一些科學家、醫生、物理治療師，有適當的機會，可以介紹給適當的患者。」

Edwin 作為一位老師，最熱愛與學生打交道，但有時又令他「激氣」。「我除了罕見病研究，一直堅持的就是與學生同行。當我看見同學的時候，就會走過去打招呼。有同學會主動在社交媒體 PM（Private message，私訊）我太太：不如找一天一起吃早餐！與學生交流的好處是，他們永遠不會跟足你說的東西去做。可能有時令人很生氣，但是又會有很多驚喜，大家交流後，會得出一些共同信念。」

Edwin 樂見跨院校學生合作，眼睛流露出感激和欣慰：「緣分不會因為年紀的相差而流失。我是很珍惜和每一個學生交流的機會。我很相信教學相長，可能我慢慢褪色的時候，就是學生的初心重燃我的初心的時候。老師在學校工作，過了 10 年或者 30 年，很多事看似『預言式』進行，但當你再深入看多點，跟學生談久一點，其實學生往往都是那盞燈，我是跟著這盞燈走的。燈可以是一個目標，也可以作為一個反射，你應該要給同學怎樣的榜樣，成就我們未來的主人翁？學生激發我思考，反思自己。」

Edwin 集合跨院校的新生代推動 Voice Link 計劃，包括修讀計量金融的 Kelvin（後排左）、修讀計算機科學工程的 Jacky（後排右）和 Mike（前排左），以及從世界頂尖名校美國加州大學柏克萊分校（University of California, Berkeley）交流回來、於中大修讀細胞及分子生物學的 Ceci（前排右）。參與計劃的還有修讀醫學的 Sienna、修讀經濟金融的 Aubree 和修讀生物化學的 Jasmine。（圖片提供：ORKTS）

透過病人的網絡，Edwin 認識到東歐地區的罕病家庭，有位媽媽更成立組織，互相交流後，連結美國、澳洲和中國香港等地的研究人員，促成跨地域聯盟。「我想無論病者、研究者、醫生、同學，所有從事罕見病服務工作的人，都有同一個信念，就是整個團隊，無分國籍、無分界限、無分學歷，各司其職，全方位去幫助罕見病群體。把別人的看法，再加上我的看法，創造新的見解，希望可以帶動整個罕見病界別向前行。」

每一個生命都應該受到尊重，社會不同持份者都希望為病人帶來關懷和

Edwin 積極參與國際講座和高峰論壇，連結到不少病人家屬，有些罕見疾病更是他從未聽過的。（圖片提供：受訪者）

快樂。病人的福祉，不只牽涉最親近的照顧者，還聯繫到科學家、製藥公司、藥物進口商甚至政府，可說是官商民的共同責任。只有多方面的共同努力和協作，才能照亮罕病病人的生活，為他們帶來希望。

「操肌教授」推運動科學社企，倡活出幸福生活

11

由教授成為社企 CEO，中大教育學院副院長（本科課程）、體育運動科學系副系主任沈劍威教授（Prof. Raymond Sum），言談間散發出自信氣場。「精英運動員的心態是，你挑戰我？我就準備好接受挑戰！」運動員有一個特質，就是總是有備而來。Raymond 一身健康體魄，源自堅持和自律。

從運動啟發信念，Raymond 每天早上 7 時健身，練好「內功」，穩紮穩打，這也是他營運社企 PLACY（Physical Literacy Academy for Children and Youth，兒童青少年身體素養學院）的法則。要身心健康，往往需要及早培養自主自理的價值觀，讓我們嘗試探索 Raymond 的體育世界。

早在少年時代，Raymond 已接受體操訓練「操肌」，更積極參與土風舞、籃球、田徑等運動。當年香港尚未有體育專業的學位課程，他前往臺灣師範大學修畢體育專業，再到籃球運動起源地——美國春田學院（Springfield College）攻讀碩士，其後回港展開教學生涯。在中學和中大相繼執教鞭數年，Raymond 在 2004 年於英國萊斯特大學（University of Leicester）取得博士學位。

「我的研究興趣是 physical literacy（身體素養）。身體素養是要由小開始掌握體能，學習運動知識，建立信心和動機，長大後亦會更關心身體健康，多社交，維持良好精神狀態，其實是一個生命歷程。」

讀書佔去人生超過 20 年時間，卻未磨滅意志，反而有助 Raymond 全面接觸教育。「當年的訓練，從大學課程掌握了十多個體育術科訓練，變相樣樣通曉，才能成為體育老師。」（圖片提供：受訪者）

從新一代「跳水女皇」得啟發

縱然疫情令世界停擺，Raymond 對教學和研究仍然滿懷熱忱。「別人停，我行前，就可以比別人走快幾步。3 年來我有很多的想法，都是經過沉澱而成。」

「2021 年 8 月東京奧運，我從台灣回港在酒店接受 7 天隔離，一邊工作一看奧運賽事，電視突然閃出一幕，令我非常驚喜，就是年僅 13 歲就入選中國國家跳水隊女運動員全紅嬋，在比賽取得幾乎滿分的成績。她在山區鄉村長大，年紀輕輕被選入跳水隊訓練，可以凌駕複雜的動作，只花 4 年取得冠軍。我就想，那麼香港的學童呢？如何建立一套標準化體能測試工具呢？」

Raymond 馬上與中大體育部同事研究專業概論，再與中大研究及知識轉移服務處（ORKTS）構思商業化方案。收集中小學校長的意見後，Raymond 及其團隊 2021 年 9 月開始寫計劃書，2022 年 4 月取得中大可持續知識轉移項目基金支持，創立社企 PLACY。Raymond 感謝中大管理層、中大體育運動科學系和體育部的支持，亦感激 ORKTS 的付出。「ORKTS 團隊很清楚市場實況，落力幫助我們社企改善商業模式、預算計劃上的不足之處。」

知己知彼，找出方向

Raymond 的研究專長領域包括，身體素養應用、體育教師持續專業進修、自我效能與學習社群、精英運動員之職涯與生活。根據 Margaret Whitehead 教授的定義，身體素養是指個體能具備動機、信心、身體活動能力、知識和理解，致力於重視與承擔終身體力活動旅程的責任。

透過成立社企 PLACY，Raymond 與團隊以研究專業，通過一系列的測試及活動，為年輕一代提供一個平台，讓他們更早認識到自己的身體狀況和運動天賦，並提高他們在日常生活中對運動和身體素養的認知與知識。

「我做運動時一定要交談，有社交才開心，但相反，有些運動員可以很獨立、封閉式地完成運動訓練。運動技能有不同的分類，活動時的環境較穩定和容易預測、不斷重複動作、不用因應對手反應改變你的技術運用，叫『封閉』技能（Closed skills），如跑步、游泳、高爾夫球；另一種是『開放』技能（Open skills），需要因應對手能力改變技術運用，如球類活動、搏擊等。」

「好多運動員不知道如何深化他的運動技能，其實，除了要在成長路上的不同階段理解自己，最重要是有父母的觀察。我舉個有趣的例子，有家長因為小孩性格內向沉靜，安排他參加具社交性的運動項目；有些則因為小孩太健談，安排他接受游泳訓練。所以我們社企會與父母溝通，了解他們培育孩子的意願。」

Raymond 用自己對三個子女的教育經驗作例：「有些運動員一日游兩次水，每次游 5000 米，他們依然很快樂。我的小女兒曾接受游泳港隊訓練，即使她成績好，但當接受更具系統性的訓練時，日日苦口苦臉，作為父母應該怎麼辦？我的二兒子幼年時一落水練習就哭，但他玩其他球類運動就開心到飛起，我不會強迫他游水，讓他享受團隊運動，現在他是中大欖球隊隊長了。我的大兒子幼年時更是好動不已，要不時以運動放電才能集中課業。所以，面對成長的抉擇，運動中培養身體素養之同時，當中最重要的是 enjoyment（享受）。從育兒經驗，我更明白如何向家長建議。青少年發展時期很重要，我們要關注他們的快樂。」

體育運動科學化

「我們的團隊深化了運動員長期發展模型（Long term athlete development model, LTAD）和運動技能評估等內容，審視青少年在不同階段的體能發展，例如心肺耐力、柔軟度、平衡力、協調力等。」

出色的運動員往往知道，適當的時刻做適當的決定。Raymond 續指：「進行團隊運動時，何時射波、交波、得分都需要高度判斷力。我們發現，擁有這類特質的人，往往須由小時候已開始培養。」

集專業於大成，PLACY 是一家與體育相關的社企。他們提供的測試項目分類非常仔細，如以立定跳遠測試了解學生的肌肉力量和爆發力、以 BlazePod（反應燈訓練組合）了解學生的敏捷性和反應能力等。（圖片提供：受訪者）

這正是香港體育缺乏的一環，學校較少在學童早期發展階段有系統地量度他們的基礎運動能力。亞洲區內，香港人上肢能力相對較弱，縱使最常見是拋豆袋，很大程度是因為於體育課程忽略投擲訓練。放眼中國內地、日本、韓國地區，青少年體育課程具備有系統的訓練，如壘球、棒球、羽毛球、標槍等。

幼童年紀少，運動能力低不是正常事？「我們需要兼顧不同基礎運動能力，做好準備應對日常生活，一旦遇上意外，都可以閃避。所以體能評測很重要，及早發掘擁有良好能力的學童當然好，但我們不要忽略找出遲緩發展的學童，及早轉介有特殊需要之學童至相關機構。」

「我們將這套測試應用在大學生上，發現他們很多都不達標！以我為例，自小喜歡周圍跳、周圍玩，從日常自由活動掌握不同能力。現時講求體育運動科學化，在不同階段向青少年提供循序漸進的訓練，鼓勵學童及早掌握身體素養和基礎運動能力，是很重要的。」

搶人才，教人才

「PLACY 歡迎家長和學校推動中小學生參加其測試與活動，激勵他們發揮潛力。『PLACY』這個名字解釋了我們不只提供評核測試，更像是一個學院（PLACY 中的 A 即代表 academy），因應學員的能力，配對合適的運動項目，提出意見。我們亦實施排名榜、獎項、證書及獎學金，這些對有意升讀專注競技運動學校的學生很有幫助，就像證明他們有『特異功能』，以各項指標顯示能力，讓學校更容易制定體育課程與運動項目方案。」

「PLACY 亦提供測試員訓練，透過身體素養與基礎動作技能測試領袖證書課程，培育長遠運動發展評核專家（LTAD specialist），務求將 PLACY 帶入各階層學校及社區。同時向老師提供工作坊，協助增潤教學內容，更會以義務形式做顧問為學校改善教育環境。」談起社企未來發展，Raymond 難掩興奮心情，滔滔不絕。

「第一次搞社企，好正！」

以學術專業、創意、營商模式解決社會問題，達成聯合國可持續發展目標（Sustainable development goals），是社企的使命，也是 Raymond 的心願。

「第一，希望關懷低收入家庭兒童，他們缺乏經濟能力，無機會接觸運動測試，所以我們會提供補助。第二，希望幫助少數族裔家庭。他們普遍被社會忽略，但他們應對逆境的能力是運動員所需的特質。」

作為華人身體素養學會（Chinese Physical Literacy Association）創會會長、中國香港體適能總會（Physical Fitness Association of

上：Raymond 分享：「開會時別人質疑，為何做網站昂貴，但我清楚知道宣傳推廣網站是必須的平台，我落手落腳自己問價。做社企可以更理解市場動向，獲益良多。」（圖片提供：ORKTS）

下：Raymond 與團隊打成一片：「我們像一隊足球隊，要防守、進攻、觀眾支持你又會嘘你，又像一場世界盃。那種經驗完全同我上堂教書、做研究和社會服務不同，搞社企是帶住一班價值觀相似的人，齊齊貢獻社會。開會很開心，出去團隊影相，早上 8 時正齊人影相，做事認真，我們是一班共同進退的體育人。」（圖片提供：受訪者）

Hong Kong, China, PFAHK）執行委員會主席、國際身體素養協會（International Physical Literacy Association, IPLA）成員、亞太身體活動學會（Asia-Pacific Society for Physical Activity, ASPA）轄下 Physical Literacy Special Interest Group 的委員會地區領袖，Raymond 以多年工作際遇，儲下豐富人脈，如海峽兩岸暨香港、澳門等地區的學校網絡，要將社企發揚光大，結合運動、教育、專業學會、非牟利機構各個範疇的力量，應該「水到渠成」吧？

Raymond 坦言，社企以收費維持其營運目標，並非想像中簡單。「校長會、董事、老師，我至少重複說服他們超過 20 次，一提起收費，他們就卻步。有校長坦言，學生全是低收入家庭，你也無法收費。」

「在不同階段，中大給我很多機會。」Raymond 在 2019 年度獲得中大博文教學獎（隊伍組別）。本著回饋中大及社會的初心，他認為心態決定境界：「有些事我心急也無用，我學到的是，如果根基不穩，難以將想法實踐。我的性格是，不去想壞事情，專注做好事。當是『湊仔（PLACY）』吧，你預計不到他未來的成長，到合適時機自然可以發光發亮。」

Raymond 慶幸團隊齊心努力。「我的團隊由體育運動科學系教授、體育部主任與講師及博士學生組成，他們都是精英，我不太擔心社企未來營運，每次開會討論發展方向和價值觀都好認真，即使 5 年、10 年後我不在，相信他們也會做得好好。」

「危機，就是我最好的機會。人哋停，我上。」

Raymond 愛在體育運動科學系的學期團體活動上向學生分享人生經驗。「每一個挑戰，都是最後一次，就是因為最後一次，你要做得最好，如果有下一次，你應該比前一次做得更好。用心去對待每一件事情。」

「其實我讀大學前，因為家境清貧，由 18 歲到 21 歲，在中環區銀行派送文件，基層的事我是明白的。年輕時好傻，坐渡海小輪過海工作很開心。當年月薪 1500 元，為了儲錢讀大學，一出糧，就將 300 元兌成 10 元，在紙幣角落釘上 1 至 30 號，限制自己每日只用 10 元。當時一個飯盒值 8 元，車費約 2 元。到了第 3 年，我會獎勵自己，每逢週末可花 50 元。我是在貢獻社會，那段日子我覺得好開心。」

Raymond 希望年輕人知道，力爭上游的重要性。「我常與學生說，我的青年時代比你們開心。當你覺得事情是理所當然，上天就會取走它。你不努力又怎會進步？只有你才會放棄自己。」

「2019 年，除了社會事件衝擊，一年內我有 7 個親人和朋友離世，由母親、弟弟、老師、同學、同事，到 30 年波友化學系教授。他 49 歲就走了，我怎能夠不正面？要發生都是要發生的，著手一樣一樣處理。」

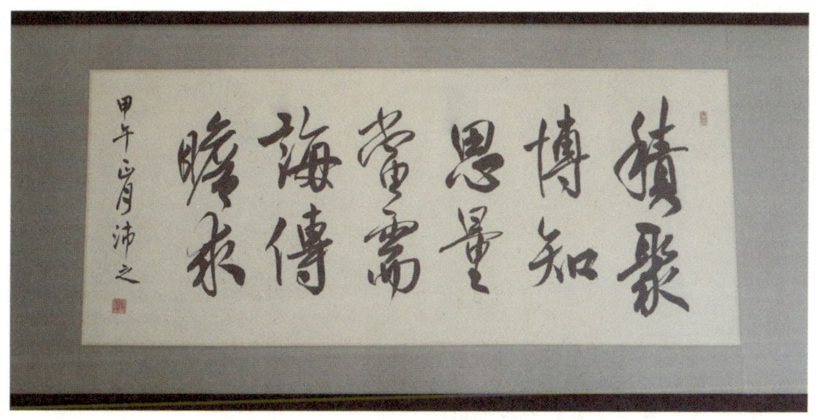

Raymond 辦公室掛起一幅字畫：「積聚博知，思量當需，誨傳瞻求」。12 字言簡意賅，說出他的教育理念。Raymond 認為知識不是大問題，最關心的是價值觀的傳承。（圖片提供：ORKTS）

武功有門派，根基是內功，面對人生起伏變化，Raymond「內功深厚」，全靠健身。「我日日 7 時開始做到 7 時 45 分，一星期打兩場籃球賽。我與學生、校友打波都好 competitive（充滿競爭），他們都好怕我⋯⋯怕我落場比他們還『勁抽』！我希望每日都有活力，打完波，成身酸痛，好「gur」（釋放自己），什麼都不用想。橡筋拉到好緊，都要鬆下啦。」

人生與運動比賽一樣，此起彼落，既然落到場，Raymond 寄語大家享受運動，享受社交：「無論如何，都要身體健康，活出幸福生活。」

「南丁格爾」首創手部護理社企，重啟中風人士慢下的手

佛羅倫斯·南丁格爾（Florence Nightingale）的故事鼓舞了一代代白衣天使。國際護士理事會（The International Council of Nurses）將她的誕辰日 5 月 12 日設為國際護士節。2024 年國際護士節的主題為「有護士才有未來，護理創造經濟實力」（Our Nurses. Our Future. The economic power of care.）。2024 年特別提及對護理領域每 1 元的投資，能帶來 2 至 4 元的經濟回報。護士主導的家訪項目（Nurse-led home visits）能有效改善弱勢群體的健康與經濟獨立能力，進而解決健康不平等（Health disparities）問題，實現扶貧（Alleviation of poverty）的長遠效益。

山城有愛。卅載光輝，本港首創護理學院培育了一代代專業的護士，精益求精，充實並創新護理服務。一同走進中大醫學院那打素護理學院盧海珊教授（Prof. Suzanne Lo）與她創立的社企「喜令護手有限公司」及其「風中愛手護」計劃。溫文爾雅、身形纖瘦的她，為了病人福祉，在炎炎夏日，獨自拖著行李箱，帶著復康工具，四出家訪探望中風人士；為了創業夢想，即使身為兩幼孩之母，仍咬緊牙關，平衡兼顧營運社企、研究教學和照顧家庭的「不可能三角」。Suzanne 的社企與計劃，為中風人士提供手部護理服務，在漫長的復康路上，為他們帶來溫暖。

一顆心，一雙手，一個創業夢

「雖然我是讀護理出身，但其實我也有一個創業夢。我很想擁有一間屬於自己的公司，注入自己的想法，可以自由彈性地處理當中的業務，既服務社會，又可持續營運。」

出身於普通家庭的 Suzanne 自幼立志成為一名護士：「小時候，大家寫我的志願都是老師、護士等等。我從小就寫：『我想成為一位護士』。小學時，聽到南丁格爾的故事，覺得她非常偉大，可以幫助很多人。後來在中學時，我到大學參觀，見到護理學系的學生示範打針，激發了我的興趣。所以一直將這個志願放在心中，直到大學選科時，我就選擇了中大護理學系，之後完成臨床老人學理學碩士，並回到中大工作，後來獲得機會於澳洲昆士蘭科技大學（Queensland University of Technology）繼續完成哲學博士。」

在中大工作期間，Suzanne 很幸運獲得恩師周柏珍教授悉心的教導和啟發，亦在周教授潛移默化的影響下，深切體會到護士的天職，亦學習

Suzanne 與周柏珍教授的合照
（圖片提供：受訪者）

到作為學者應有的襟懷，以及如何將護理理念融合於一個個研究項目中，以不斷提升護理服務質素。「這些都是我沒有想過的。之前我只是純粹讀完書，獲得註冊護士牌，然後順理成章找工作。但周教授讓我認識到護士可以有多元的發展，為社會作出貢獻。這些年我的研究項目亦獲得周教授很多寶貴的意見和支持，理念上的、實際操作上的，『風中愛手護』計劃的創立亦不例外。」

「另一位對我有很深影響的是 Professor Anne Chang，Professor Chang 和周教授都是我的哲學博士研究指導老師，每次跟她們討論研究方向時，我都會被她倆縝密、全面的建議深深啟發。我們有時亦會談及護理專業的發展，以至待人處事等等，很多我們一起討論的畫面，至今我仍歷歷在目。」

看到身邊的物理治療師、職業治療師和醫生憑藉自己的專業能力「開舖頭」，Suzanne 的創業夢也開始萌芽：「為甚麼不能呢？我覺得護士都可以有一片天！」

「我還想扮靚」

中大創科人才輩出，研發出的納米機械人、機械手、「留聲機」等產品在中風人士治療、復康以及言語障礙階段提供了幫助。但在手部護理領域，Suzanne 及她的團隊是不折不扣的先驅：「中風人士很多時出現

Suzanne 小時候熱愛跳舞，她加入中大後與周柏珍教授推出「豐樂足跡 在家芭蕾運動」科研實證設計計劃，目的是改善中風人士的平衡、步態和記憶力。

中風後肌肉痙攣 （Spasticity），因為肌肉過度活躍，令到肌肉繃緊、僵硬或疼痛。」

在手部，常見的肌肉痙攣形態如手肘彎曲、手腕內彎或手指緊繃的情況，影響自我照顧和日常生活；而手部清潔方面亦會出現一些問題，例如未能自行修剪手指甲和潔手，手部會較濕，指甲長期留有黑邊，不但影響手部衛生，而且容易造成異味或感染。家人或照顧者很多要為生活奔波，未必能事事兼顧和適時幫忙。中風人士亦會感覺不舒服，自我感覺也不太好，長久有可能減低自信心和不願社交。所以手的小問題可以引起很多其他問題。

選中手部護理這片藍海，Suzanne 從家訪中風人士中獲得靈感。「有次家訪一位中年女士，見到她只在患側尾指塗上紅色的指甲油，當時我問她為什麼不把其他手指也塗上指甲油，她說她一直很喜歡扮靚，無奈中風後，手不再靈活，但仍想塗指甲油，就算只有一隻手指也要塗，她覺得自己有權利打扮，讓自己開心和幸福。」中風人士的復康經歷、所想所感，深深印在 Suzanne 腦海中。「其實他們除了身體功能上的恢復，心靈上也有追求生活上『小確幸』的需要：有的想再次綁鞋帶穿上波鞋，有的想自行上香拜神，有的希望與家人同枱吃飯，為家人夾菜。其實護手、身心舒緩和愛美同樣重要。」

見微知著的性格，讓 Suzanne 意識到護理關懷的真正含義，繼而進一步細化手部護理的範疇，包括手部清潔護理、按摩和上肢復康訓練支援，讓中風人士能更有尊嚴地生活。「我們參考過其他地方的做法，發現很多有關如何為中風人士按摩和護理手部的資料，以短片講解。要說有沒有一間社企，為有手部肌肉痙攣人士提供這樣結合專業護理、復健、身心舒緩和個人對美的追求的長期服務，相信我們會是先頭部隊。」

Suzanne 平時也努力為服務對象的家居復康出謀劃策。這般「變法寶」的超能力，源自 Suzanne 平時的生活習慣：「我不是出身於物質豐富的家庭，從小時候開始，我就好喜歡改造家居用品。我很享受家訪，觀察中風人士屋企，有需要時可以同他們商量改裝一些現成的東西，以實現復康效果。」

Suzanne 馬不停蹄走訪各界機構、座談會、工作坊、中學，向公眾介紹「風中愛手護」計劃。（圖片提供：ORKTS）

她的其中一個創作成品是黏了四個輪子的乒乓球板，中風人士可以用帶有魔術貼的帶子綁在手上，在桌子上滾動球板，以鍛鍊患側上肢。「波板和帶子本身家裡已經有，轆也不貴，所以這個創意很實際、很實用！」勤儉持家的她對自己的創造力非常自豪。「對基層家庭來說，這些小創意不失為一個高性價比的選擇。同時亦可讓中風人士更多參與自己的復康過程，自己也可幫自己。」

知識轉移改變手中命運

Suzanne 非常喜歡社企這個概念，既是一盤生意，又可將知識轉移以達致正面的社會影響。她們團隊開創的社企名為「喜令護手有限公司」，目的是為有手部肌肉痙攣的中風人士提供專業手部護理，並藉由金齡人士協助提供服務，既為他們提供工作和回饋社會的機會，亦讓更多人認識有手部肌肉痙攣人士的健康需要，推動社會共融。

談起成立社企，她非常感激中大研究及知識轉移服務處（ORKTS）提供的全方位支持。在 2024 年的資金申請中，她們團隊成功雙收中大知識轉移項目基金與可持續知識轉移項目基金。「俗語說一孕傻三年，生完小朋友後很多事情都要記錄得非常清楚，否則很易忘記！」初次創業的她經歷了許多挑戰：尋求合作受阻、與日新月異的技術鬥快、追交報告死線、培訓不斷更換的研究助理、平衡工作和家庭……她常常感到身心疲憊，但她坦言很喜歡社企的服務理念，無論困難再艱巨，她也無悔走上創業之路。她從頭開始學習應對從未接觸過的種種挑戰：第一次註冊公司、第一次為公司開銀行帳戶、第一次了解什麼是 limited by shares（股份有限公司）或是 by guarantee（擔保有限公司）……

「最初的運作，我只是根據我們的基本認知而行。但這並不夠，我仍然需要一些框架來引導。ORKTS 為我匹配了顧問，指導我利用資源和網絡，擴大合作範圍。這實際上開拓了我的視野，一步一步指導我走上創立社企之路。有人告訴我該如何做，我再自己探索，這樣就能更順利地前進。」

「大人物做大事，小人物做小事，但也可以帶來影響和改變」

創業對 Suzanne 來說是跳出舒適圈的挑戰，她要不斷與追求安全感的自己和解。「我會形容是一個戰戰兢兢的經歷。其實很多東西我都很害怕，但我還是會讓自己去接觸很多看似很困難的地方。一方面是很多困難其實到最後都要自己解決，另外我覺得只要讓自己理解多一點東西，那我就會強大一點，害怕少一點，心也會安定一點。」

「我曾經覺得每天上班，都是為了交報告，每天都忙著應付不同的挑戰，久而久之，不知道自己在做什麼。我最記得有一位研究助理一天很高興地跟我說:『我們的問卷箱子終於存滿了！很開心！很有成功感！』相反，我心裡只有憂愁：『死火啦，現在才有一箱，還要做多兩箱！』但是不知為何，我聽完這個，想起很多年前初出茅廬的自己，突然間人生充滿希望。其實反思最初做研究的初心，或者為什麼要不斷爭取資金，就是想真的可以幫助到社會上一些問題。我現在做的一些事是細微的，但沒關係，大人物做大事，小人物做小事也可以帶來影響和改變。」

金齡擦出火花，眾人拾柴火焰高

喜令護手有限公司著重有效利用資源，目標是招募一群金齡女士為中風復康者做手部護理，既能發揮個人價值，也能帶來正面的社會影響。金齡群體通常有較多的空餘時間，更能全心投入服務;同時溝通能力較強，能輕鬆地與服務對象交談。馮亮容（Lisa）女士是新健社（中風患者及家屬互助社）新界北區的區長。曾受中風折磨的她靠信仰走過難關。Lisa 正在學習手部穴位按摩、清潔和家居上肢復康訓練等護理技巧，之後會成為服務的主力軍。因 Suzanne 的計劃，Lisa 遇到中風復健者余月娟（阿 Moon）女士，與她分享同路人的復康心聲。

Suzanne 希望社會各界有心人士都能陸續參與服務及義工服務，例如學生群體。「這個想法源自我們團隊之前的一個為中學生舉辦的社會共融工作坊項目。我們看到大多數學生都善良、成熟，願意認識社會上有不同健康需要的人士。我們可以根據現行中學課程中關於其他學習經歷（Other learning experiences）的要求，將學生帶到外面的世界。我希望我們社企能傳達一個訊息：每個人都有不同的能力、背景和健康需要，應該主張和而不同。因此我們也希望學生能理解他人的需要，從而學會如何關心他人。」

在實際執行中，學生群體可以學習一些基本的手部護理技巧，從而在義工服務中發光發熱，也可以為自己家中的長輩提供相應的護理。

我們都會變老

或許你也會好奇：一位致力於為老友記服務的白衣天使，當她成為長者的時候，會對這個社會有怎樣的期待呢？

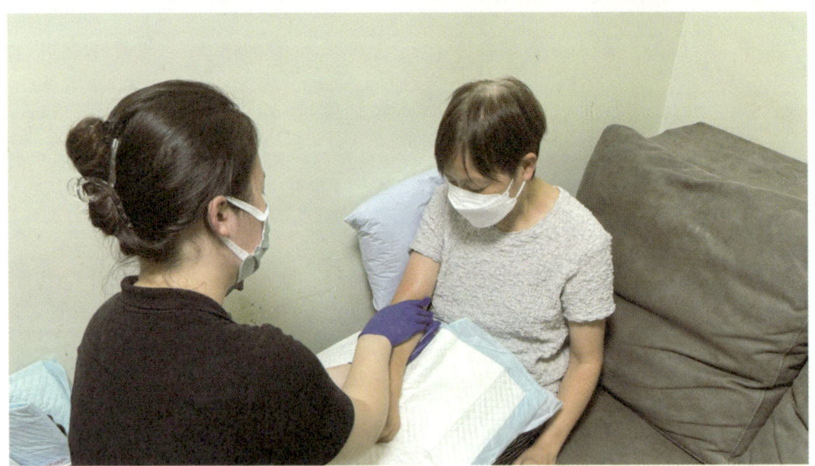

上：Suzanne 帶同義工前往沙田沙角邨探望中風復健者，拖住裝滿服務物資的行李，他們依然有說有笑。（圖片提供：ORKTS）

下：團隊成員為中風復健者按摩手部（圖片提供：ORKTS）

Suzanne 樂見為老年群體提供的服務與設施愈來愈多元豐富：「過去我經常參與一些義工服務，幫助清潔別人的家。有時候我會想，如果我到了那個年紀，有一群年輕人來幫我打掃，我會非常開心。他們會跟我打招呼，和我聊天，我會感到非常滿足。同時，我認為退休後參與義工是一件很好的事情。當然，我也希望能夠拉攏我的朋友一起參與服務。」

那打素護理學院在 2024 年 QS 世界大學護理學科排名榜上脫穎而出，傲居亞洲第一，全球第八。進入全球前十榜絕非易事，歸功於學院代代護士的專業傳承與突破創新。在當今的社會，多元且細緻的護理服務日益增加，為有不同健康需要的人們提供更多選擇。

115 年前，南丁格爾離我們而去。若她仍在世，相信她會為今時今日護理專業的創新進步感到欣慰。百餘年後的今天，在伊利沙伯醫院外的南丁格爾路漫步，醫院內燈火通明，夜間探房不再需要提燈；護士能做決策者，還可以從零開始創業。

周惠賢
中大文學院文化及宗教研究系高級講師

宗教心靈教育學者「三劍合璧」，促進青少年及社群心靈健康

13

2023 年，教育局接獲的中小學生自殺身亡個案創下 5 年新高。根據中大在「健康校園論壇」公佈的調查結果，影響學童精神健康的主要因素包括：睡眠質素差、健康狀況不佳、學習成績未如理想，以及父母期望過高，而部分受訪學生更呈中度及嚴重抑鬱症狀，急需社會各界關注。

人生長路，蜿蜒曲折，過千帆，渡山水，究竟踏入的是明陣還是迷宮？讓我們隨著中大文學院文化及宗教研究系高級講師周惠賢博士（Prof. Chow Wai Yin）的腳步，來到全港首個在大學設立、由學生事務處與崇基學院合作設立的大學明陣（University Labyrinth）。「明陣非迷宮，進路即出路。」周博士提到明陣不僅是一處物質空間，更是一個供人心靈歇息的場所。在這裡，我們可以暫時遠離塵囂，與心靈對話，引領自我探尋，實現心靈的平衡和成長。

以青少年心靈幸福為依歸，周博士將分享如何結合宗教中的靈性智慧、敘事教學與社企營運，通過和平教育的力量，締造相互包容的社群。

研究拾穗，三劍合璧

周博士選擇修讀教育、宗教及心理學三個看似截然不同的學科，原來受著父親的影響。「很少爸爸會叫女兒出去闖世界，而我爸爸常鼓勵我『讀萬卷書不如行萬里路』，多去外地交流，走出舒適圈。」

上：位於龐萬倫學生中心 4 樓的大學明陣（圖片提供：ORKTS）

下：周博士自帶質樸溫雅的氣質，原來最讓她感到心靈幸福的瞬間，就是閱讀。閱讀打開了她的靈性教育之門，這位愛書人遂為他人引路，建立一套中學適用的課程框架。（圖片提供：ORKTS）

「小時候我很喜歡模仿爸爸看報紙，每當他打開報紙時，我也會跟著他的動作，其實我只是扮他的動作，哈哈！那個時候並沒有真正理解報紙的內容。偶然的一次，我被報章內一篇進化論短文吸引，對人類和人類生活產生極大興趣。最初，令我感興趣的是人的學習方法，我留意到自己喜歡看書，而不喜歡聽書，而有些同學更喜歡抄筆記。通過這些觀察，我意識到人的學習方法是多種多樣的，這也成為我日後選擇在蘇格蘭斯特靈大學（University of Stirling）主修教育的原因。」

後來，周博士的興趣延展到人如何尋找生活的意義和人生目標。「我發現很多不同的宗教，都嘗試透過神聖和超越的角度，引導人去反思自身的價值觀及人生觀，去建立生命意義。」為了尋找答案，周博士又走進中大修讀神道學碩士及博士學位。

「人認知到自己的價值觀、人生意義，是否就會實踐出來？」於是周博士又走進心理學的世界探索。周博士在修讀心理學期間，最感興趣是腦神經心理學（Neuropsychology），進一步探研人類大腦在宗教行為（如感恩、默想）中的反應，哪些行為模式能給人帶來幸福感。

孜孜不倦地學習，促使周博士將幾門學問結合：「2010 年很開心入到中大教書，將一些研究成果與大眾分享，希望可以為身邊的人及社群帶來積極的影響。」

知識轉移，實現「改變教育」

周博士因為工作及當義工的關係，發現好些青少年都受身心靈健康所困擾。原因有多種，包括學業壓力、家庭問題、朋輩關係，以及社會環境氣氛。值得關注的是，根據《全球信任度調查報告》，現代社會普遍存在人與人之間，以及人與社會、權威組織之間的低信任度。同時有研究發現，不少青少年表示缺乏足夠的知識和資源，去應付生活所面對的挑戰、焦慮，甚至抑鬱。

「我很喜歡做義工，探訪兒童之家時，我發現他們對社會缺乏信任，生活也不開心。他們會不會由 6 歲不開心到 100 歲？我們有沒有辦法或做一些行動，來幫助青少年維護身心靈健康，讓他們發展自己的興趣和潛能，貢獻社群？」將想法轉為實際行動，確實並非易事。

不過，周博士在求學期間曾受到 Prof. C. N. Hawkes 的啟發。他說過：「教育的目的是帶來改變（Education should be ready to bring changes）。我們做什麼都好，都要將我們的知識，為自己、他人或者社群帶來一些改變。」這些話成了她的座右銘，啟發她不斷探求為人為社群帶來轉變的意念。

在 2022 年，周博士成功經中大研究及知識轉移服務處（ORKTS）獲得知識轉移項目基金（KPF）開展「內在和平與外在和平」計劃，

2024 年再成功透過中大可持續知識轉移項目基金（S-KPF）開設社企 SouLight 心靈教育中心（SouLight Spiritual Education Centre）。SouLight 心靈教育中心的目標是進一步透過「內在和平與外在和平」計劃，以敘事教學出發，透過故事（宗教故事）的結構與形態，協助青少年提升「自我覺察」能力，深入地覺知、了解自己及周遭的價值觀，辨識對外在環境的情緒反應，獲得新視野「疏導憤怒」、「安撫恐懼」、「超越擔憂」，經歷心靈轉化，創造及構思合適的語言及行為表達，從而做到聆聽、善意溝通、處理衝突與協商，令社群更具包容性。

「現代教育比較側重個人智力發展、學業表現，甚至是就業能力；和平教育，就像一帖『補充劑』，啟發身心靈向上向善的力量，實踐『共好』，促進共融和平。在 KPF 階段，我們將研究得出的教學模式應用到和平教育課程，本以為年輕人對『大人講經』有所保留，但結果出乎意料，他們很喜歡，學校也問可否繼續做下去。後來 KPF 計劃結束，我們無經費，好多謝中大 ORKTS 的同事全力支持，鼓勵我們申請 S-KPF，成就今天這個夢想。」

不談公事的靈魂朋友

現代心理學發現，生而為人，就會尋問人生意義，周博士表示自己經常思考深層次的存在問題：「我也會常問，我是誰？我來這個世界的目的是什麼？死後會去哪裡？」

「儘管人類歷史出現過千種宗教信仰，但能夠歷經歷史洗禮而留存至今的，多數能承載及解說到人類經驗的世界宗教傳統，這些都是人類智慧的結晶。人類文化一直將有關人生意義的理解保存在宗教經典裡，引領人思考及探索。」這些古老智慧，成為周博士與學生、朋友的共同課題。

對周博士來說，宗教研究是一個好地方，能結識一群想去探索身心靈課題的「學生朋友」。翟驚（翟 Sir）和孫芷瑩曾在 SouLight 負責前線工作，四出推廣和平教育，他們亦師亦友，平日暢談心靈課題，樂呼周博士作「阿 Chow」。對他們來說，宗教研究不只是理論，更是一種生活方式。透過交流，彼此滋養心靈的智慧與質素，然後走入人群中推動轉變。

周博士（中）和翟 Sir（右）、孫芷瑩（左）（圖片提供：ORKTS）

心靈教育——學會找到內外的和平

朋輩間的相處一直是青少年群體面對的重大挑戰。校園裡，有人內向羞澀，與他人相處存在障礙；有人則缺乏同理心，難以化解矛盾。這些都給他們的心理健康帶來了沉重負擔。

來自佛教沈香林紀念中學、時常調解同學矛盾、班中的「和平領袖」思翰，內心也有著無人傾訴的煩惱：「我最大的願望是找到一個樹窿。」在學生最需要關懷的時候，翟 Sir 帶著課程出現。8 節課堂中，學生通過聆聽故事、角色扮演、頌缽聲療及詩歌朗讀等教學活動，了解如何與自己相處。

「翟 Sir 特別有趣，他用溫柔的交流方式，氛圍很輕鬆。」天天在參與課程後，更加懂得為人著想，比如鼓勵成績落後的同學：「雖然在這一部分可能做得不好，但在其他方面你都好優秀」，讓對方不必心灰意冷。

小芸則笑著表示心理狀態更穩定：「之前幾乎每天都哭，現在已經半年沒哭了。」小芸也分享課程對她處理內心感受方式的改變。課堂上翟 Sir 帶領他們思考「如果我是故事中的人物，我會怎樣選擇」，讓她慢慢覺察如何思考和選擇，亦會嘗試將心中的煩惱說出來。

翟 Sir 通過充滿趣味和互動的課堂，幫助學生掌握內外在和平。（圖片提供：ORKTS）

「仁者無敵，滴水穿石」

SouLight 導師入學校，不時見到學生吵架、喧鬧場面。周博士指出在香港學校裡，同學之間的衝突問題一直存在。「有研究指出，香港學生經歷被欺凌的數據對照亞洲區，甚至其他國家都是高的。青少年亦因為不懂應對欺凌暴力的問題，影響他們的心理健康，感到沮喪、無力，引致心理困擾及抑鬱。」

化解校園衝突並不是單純的技巧問題，而是內在的心靈狀態。事實上，周博士早在兒童之家服務時，就明白「仁者無敵，滴水穿石」這道理：「有些三四年班的高大男生，動不動就喊『隻揪』；硬碰硬會兩敗俱傷，而我這小個子也當然不夠打！笑容是一種世界語言，它可以告訴別人：我們不是敵對的，而是可以試著溝通。」

周博士續分享，她自小讀修會學校，學校教導嚴謹，但爸爸卻教她另一種處事觀。「爸爸信奉老莊思想，逍遙無為；當我找不到文具好緊張時，他對我說：『你不找，自然就會見到；不記得帶東西，也不要緊，今次漏了，你下次就會記得。』我爸爸晚年很多痛症，但是他整天都帶著笑容。他教曉我，面對一些環境，都要保持冷靜與積極的心態，用微笑去面對。」

存正念，傳信念

靈性修行、研習之路已走逾數十寒暑，讀過萬卷書，走過萬里路後，周博士找到人生意義了嗎？「在心理學家馬斯路（Abraham Maslow）提出著名的人生需求層次（Maslow's Hierarchy of Needs）理論中，位於需求層次金字塔最頂端的自我實現需求（Self-actualization needs），被歸類為一種成長需求（Growth needs）。這意味著，人是會「不斷」追尋、改進、突破自身生命意義的，這是一個無止境的探索。生命就像一隻有深度、沒有底限的杯，它容許源源不斷注入新的東西，讓人往深處思考與探索。對於那些想要探索自我的人來說，這樣的生命歷程或許是艱難的，但也是無比珍貴的。」

正因為成長無止境，周博士因應不少情緒困擾者需要用藥物進行治療，她亦修讀另類治療（Alternative therapy），了解一些天然草本方法，例如不同精油的化學成分、藥物協同作用，藉此探討情緒困擾的替代療法。

「我們覺得年輕人是一塊寶石，如果給他一個好的環境成長，他們會發掘自己的潛能和創造力，學懂怎樣選擇、怎樣平衡，在解決衝突中成長，這對他們自身以及他們自己身處的社群有莫大益處。」

然而，放眼社會，受著心靈困擾的不只青少年，SouLight 團隊將會發展不同創新項目，應用在醫院、社福機構、臨終服務上，為受身心靈困擾的人帶來和平與療癒。「人與人之間是可以和平共處、建立信任和溝通。將這些技能磨練多一些，然後發揮在跟自己、家人、社群相處中；我們很歡迎 dream maker（追夢者）加入，大家一起去做夢，幫我們將想法傳出去。」

中國宋明理學開山祖師周敦頤論「剛善剛惡，柔亦如之，中焉止矣」，人性有剛、柔、善、惡、中五品，接受師長教導，人便能明白善惡，自己主動改正，達到中和為止。人對於事情有不同的反應，最重要的是「中而已矣」，以恰到好處的態度回應。

周博士認為一個經歷衝突之後的社會，好像一個打爛了的花瓶，滿地碎片。我們要帶著耐心去溝通，配合和平教育，修繕心靈傷口和縫隙，平和地聆聽和表達，理解不同想法、立場、價值觀的人，才能達至人人共存互惠，社會融洽，持續發展。

周博士的一席善語，喚醒了我們對精神健康的關注。在學校、家庭、職場，我們難免有衝突時刻，只要理解人性是多樣化，本著真誠，珍惜人與人之間的緣分，便可達至心態平和，人生自在。

第五章

莊紹勇
張適之
周思驍

生活文化

Culture

一鍵千里走進 VR 世界，「打機教授」談電子學習與 Outdoor Museum

14

莊紹勇教授（Prof. Morris Jong）是中大教育學院課程與教學學系教授、學習科學與科技中心總監、香港教育研究所副所長、逸夫書院輔導長，自帶「官仔骨骨」的氣場，你不會想到，他竟然是「打機高手」。

「細細個我就好深近視，現在大約 900 幾度！我細個好鍾意打機！前期去機舖打機，後期就打電腦遊戲！」說起打機，Morris 一雙明眸發光，滔滔不絕地訴說打機與學習密不可分的見解。

遊戲人不做電競選手，戰鬥格燃起學術心

父母、學校老師總是跟我們說打機有很多壞處，容易影響學業成績，有趣的是，中學時期 Morris 的打機朋友都考第一，自己考得第十幾名，成績中上。也許打機訓練出他的靈活個性，從讀書到就業，Morris 已是一個「時間管理大師」。每天吃過母親煮的愛心午飯，他便到附近機舖打機。筆者質疑家人可曾反對，Morris 輕鬆地笑說：「其實他們不知道，放學再打多一個鐘就返屋企做功課。」只要不過分沉迷，懂得平衡，打機也是課後減壓良藥。

如此熱愛打機的 Morris，為何不做電競選手？以興趣為本的生涯發展，促使他由遊戲家成為教育學家。

Morris 大學時修讀電子工程，由於電子工程涵蓋電腦領域的學問，他

亦漸漸對電腦研究產生興趣，隨後在香港大學兼讀計算機及資訊科技碩士學位，同時在香港教育學院（現稱香港教育大學）當全職講師，負責教授主修教育的本科生資訊科技。

打機目標是過關，人生目標則要由兩位恩師說起。Morris 坦言當時作為碩士生，在研究上仍未有清晰的方向，慶幸有兩位恩師「助攻」：中大教育學院李芳樂教授（已退休）和工程學院李浩文教授。「我非常感恩，他們對我的悉心指導和栽培。」Morris 感謝老師給他機會，讓他一邊繼續在香港教育學院工作，一邊兼讀中大哲學博士學位（教育），研究如何將遊戲融入學習中。

Morris（右一）感恩兩位指導老師李芳樂教授（左一）及李浩文教授（左二）鼓勵他進行「跨學科」研究，將遊戲設計結合教育。（圖片提供：受訪者）

2009 年，Morris 憑著經驗和熱誠，加入中大課程與教學學系，積極研究學習科學與科技，以及利用科技促進學與教的設計和實施，並在 2013 年於中大知識轉移處（現為中大研究及知識轉移服務處）舉行的傑出社會參與獎 2013 頒獎典禮獲頒最佳創新獎、2018 年獲青年學者研究成就獎、2010 年獲傑出研究學者獎、2024 年獲學院模範教學獎，以及傑出研究影響力獎。

打機是一種學習

「唔識打會主動問人或者上網睇人點打，但唔係隨便聽人、睇人點打就跟人點打，自己要去探索、觀察、分析、實踐、優化遊戲過關招數，有時更會跟朋友分享和討論攻略。」Morris 認為「打機」的過程充滿自主學習的特質，包括探究性、動機性、體驗性、協作性以及反思性。

「我們進行教學研究和設計教材時，會滲入遊戲的特質，即 gamification（遊戲化）。」Gamification 早已融入你我生活，在市場學上，例如我們日常消費做「yuu 會員」、儲分換禮物，系統收集消費模式數據，繼而推送相應廣告。當 gamification 與教學概念結合，便是利用後台控制儲存大數據，為學生製作合適的教材。

「周圍都係 museum」

從打機走向研究教育，Morris 留意到深受學生歡迎的實地考察，往往因為時間、天氣、地域及成本等因素令校方在課程安排上受到掣肘，例如地理科老師難以帶學生親歷危險地勢、生活與社會科老師難以帶領大批學生認識狹窄的劏房環境及成本昂貴的海外考察。

然而據教育局《中華文化．香港遊蹤：教師導賞手冊及學生成果集》一書，實地考察有助學生把所學的知識連結生活，令他們對中華文化有關課題有更真切的體會。社區是學習場所，蘊藏著豐富資源，有待學生發掘。一些被現今科技和現代社會環境日漸淘汰的傳統技藝，例如花牌紮

EduVenture VR® 研發團隊（左起）劉曉雯、潘兆麒、莊紹勇、陸晉軒、施茂燊、梁楚喬（圖片提供：受訪者）

作、活字印刷等，透過教育體驗，能增強社會大眾的保育意識。

Morris 申請了中大知識轉移項目基金（KPF），帶領團隊將研究成果轉化為貢獻社會的創新項目。該項目旨在讓學生透過 EduVenture VR®（虛擬實境考察學習平台），足不出戶也可接觸蘊涵中國傳統特色的事和物，以提升他們對中華文化的了解和興趣， EduVenture VR® 提供的戶外考察教材，讓經濟能力不足或有特殊需要的學生，皆有機會體驗真實世界裡較難實行的戶外考察。

「Outdoor Museum 概念是希望少數族裔學生多點體驗香港，透過遊戲化學習，推動學生學得更好。」

Morris 很高興學生反應雀躍，投入參與一系列度身訂做的「學玩俱全」活動，亦能以多媒體創作為課業回應。

同場訪問的筆者反思，其實一般香港市民，也沒有觀察身邊的文物建築。Morris 寄語：「我們要隨時隨地觀察周遭事物，中大也可以是一個好好的博物館。」

法國期刊《人文科學》（*Sciences Humaines*）創辦人、社會學家 Jean-François Dortier 在〈知覺：閱讀世界〉一文提及，我們的雙眼並不只是一扇面對世界的透明窗戶。觀看，意思是感覺來自外在世界的

學生可透過平板電腦、紙盒眼鏡如 Google Cardboard 或其他頭戴式顯示設備體驗，例如參觀文武廟和天壇大佛。（圖片提供：受訪者）

訊息，但也是從中選取、組織，並按照我們的心智圖像予以詮釋。

人文教育，如一門利用創新科技探索的考古學，活於當今數碼時代，科技應用不但能解決教育問題，實現豐富的學習多樣性，更能實踐文化與創意科技接軌。

知識轉移開拓建築和社區想像

在澳洲皇家墨爾本理工大學（RMIT University）的物業建設及項目管理學院，有超過 1500 名學生受惠於 EduVenture VR®，利用平台進行以學習者為中心的沉浸式學習。2020 年 3 月，RMIT 因新冠病毒爆發而停課，慶幸有 VR 技術，帶學生虛擬參觀工地，讓學生在安全的環境學習建築管理。

事實上，建築科學的進步，亦推動學生了解社區營造概念。其中一課關於「社會可持續性和房屋」，學生透過 VR 看見社區的居民、公共空間、設施及房屋現況，猶如親身探索和比較不同地區規劃的文化及經濟背景，明白建築設計、規劃和成本環環相扣，足以影響居民福祉。

成立社企推動知識轉移

為進一步實現知識轉移，Morris 再於中大可持續知識轉移項目基金

（S-KPF）支持下創立社企 Learniversity，以大學教育研究成果為基礎，提供以科技為本的創新教學方案。最近，Learniversity 亦獲政府「社創基金」（The Social Innovation and Entrepreneurship Development Fund, SIEF）資助，促進少數族裔和本地學生之間的跨文化理解和融合。在計劃裡，學生先參加 EduVenture VR® 虛擬考察和文化工作坊，初步探索考察地點，包括清真寺內的小淨室，以建立背景知識及加深學生對多元文化的理解；其後，學生將前往真實文化歷史場景，共同進行戶外考察，從而促進跨文化交流融合。在計劃尾聲，學生會分享各自對不同文化的見解，營造跨文化共融環境。

Learniversity 的業務範圍並不侷限於 EduVenture VR®，同時按學校需要，制定專屬的教師培訓主題及活動與課程教材。Morris 分享：「政府分別於中學與小學推行『IT 創新實驗室』與『奇趣 IT 識多啲』計劃，旨在加強學校 STEAM（科學、科技、工程、藝術和數學）教育，以培育本地科技人才。Learniversity 亦著重於推廣 STEAM 教育，配合學校不同需要，協助構思及策劃能活用資助款項的 STEAM 活動，以及為學校提供專業意見及相關知識。」Learniversity 又推出「無人機編程與全景航拍課程」，學生可透過 EduVenture VR® 及航拍技術收集 VR 素材，建立校園專屬主題的互動場景，同時加強對社區的認識，增強歸屬感。

遊戲人說書，天下無敵的「深度學習」心得

筆者邀請 Morris 分享求學秘笈：「劉德華都講過，就是天道酬勤，我認為勤力很重要，特別是做學術。不管研究生也好，教授也好，即使本身好聰明，但不勤力的話，也未必做到好的研究。」打機要闖關成功，需要不斷將武器升級，做人亦然，從學習和工作中不斷裝備自己，終會找到人生的方向。

Morris推薦 *Deep Learning: Engage the World Change the World* 一書。「我們做教育，常言 deep learning（深度學習）。」當今的教育不再拘泥於要求學生死記硬背大量知識，而是更著重「學會學習」（Learning to learn）。21世紀初教育家普遍認為「4C」，即自信（confidence）、關懷（care）、承擔（commitment）及勇氣（courage），是「學會學習」的基礎能力，但隨著社會不斷發展，現在又多加兩個「C」，擴展為「6C」。

Morris 續指：「世界知名教育改革權威 Michael Fullan 提出現今社會每個人都需要學習及擁有的 6C 能力，即協作（collaboration）、創意（creativity）、明辨思維（critical thinking）、公民教育（citizenship）、品格培養（character）及溝通能力（communication）。學生要有個人彈性和品格，而公民教育即是需要尊重世界，尊重各種文化。擁有這六樣技能，你就天下無敵了！」

新傳講師談新媒體時代，初創打造獨特品牌體驗

15

一個廣告成功「吸睛」，靠的是影視名人登場引起觀眾的興趣，還是有溫度的感人故事？

香港媒體界「風雲變幻」，數字營銷迅速崛起，新興技術如人工智能生成影片平台、虛擬模特兒（Virtual model）、虛擬網紅（Vtuber）等重塑了行業格局。文化潮流不斷演變，從 X 世代的穩健實用到 Z 世代、Alpha 世代的科技原生代，這些變化不僅是挑戰，更為無數香港創意人提供了突破束縛、創作兼具功能性與情感共鳴作品的契機。

中大校友張適之（Basil Cheung）的成長故事正是這場創意浪潮中的一個縮影。曾入選中大廣告碩士院長榮譽錄的 Basil，畢業後曾在香港首家虛擬保險公司、教育科技公司等擔當品牌主理人角色，並協助 Uber 和 GoGoX（前稱 GoGoVan）等企業首次公開招股上市（Initial Public Offering, IPO）。又因一句「隨心而行」，輾轉在 5 間初創公司打工，為新創企業、社會企業和非政府組織量身打造獨特的品牌體驗，協助它們透過品牌敘事、藝術與設計、公共關係和環境、社會和公司治理計劃，發揮社會影響力。

去年，Basil 以客席講師的身份回到母校，於新聞與傳播學院任教廣告碩士課程，將自己的知識與經驗傳授給下一代。這次專訪，Basil 將分享他的職業歷程、創意思維以及對未來社會的展望，亦分享個人創業的變化與機遇。

跳出舒適圈：從廣告人到 Start-up 冒險家的奇妙旅程

對於許多職場人來說，大企業的穩步規劃或許是「成功」的代名詞，但對 Basil 來說，人生的精彩在於那些不按常理出牌的選擇。

Basil 的父母分別是產品設計師和平面設計師，作為一名來自「設計世家」的創意人，他從小耳濡目染設計與創作的種種；而舅父在流光溢彩的香港廣告黃金年代的奮鬥故事，更激發了他對行業的憧憬與熱情。懷著對創意的堅定追求，Basil 選擇投身傳播與廣告領域，並於中大完成廣告碩士課程。

Basil 在大學主修傳理系，往後攻讀中大的廣告碩士，至今此仍是亞太區鮮有的純廣告專業的碩士課程。（圖片提供：受訪者）

Basil 自諷，在傳統僱主眼中是一個「爛 CV 的人」，15 年來轉了 8 份工，包括 3 間廣告公司及 5 間初創公司。換個角度，這其實也是優勢。他在全球廣告公司（包括 Leo Burnett、Ogilvy & Mather 和 McCann Erickson）工作近 10 年，與寶僑、輝瑞、太古集團和國泰航空等多家國際企業密切合作。從廣告圈的穩定職位，轉投初創領域，他的職業生涯如同一場隨性卻深具智慧的冒險。而這一切的開端，竟源於一句「似是而非」的話：「當作放一年假，可能你試了一年，之後不喜歡就走，就返去做你喜歡的廣告公司。」GoGoX 的聯合創辦人這樣告訴 Basil。這句話讓他放手一搏，踏入陌生的初創領域。他笑言：「我當時純粹是『go with the flow』做了再算，然後就會衍生好多不同的契機給自己。」

然而，初創的世界並非看起來那麼自由自在。不少人形容「與新世代合作好頭痛」，Basil 與形形色色的伙伴共事過，他娓娓道來一套心法：「以前我是個固執又事事批判的人，但跟不同性格、不同『形狀』的人溝通後，我最大的得著就是，其實很多事你控制不到。倒不如以 non-judgmental 的心態，給對方空間發表意見，可能他會帶來更加意想不到的點子，衍生更好的合作。」

在他的冒險旅途中，恩師曾俊華先生的一句話成了指路明燈：「唯一可以預測的是它的不可預測性。」這種擁抱不確定性的態度，讓 Basil 深刻體會到「serendipity」的力量——在生活的偶然性中抓住機遇，並在關鍵時刻做出合適的選擇。他更提及《星際啟示錄》（*Interstellar*）中

上：除了在讀書時期與不同教授和廣告巨匠交談，Basil 在中大任教廣告碩士課程時亦積極建立人脈，邀請不同業界人士於課堂上作分享，讓學生畢業前充分了解市場動向。（圖片提供：受訪者）

下：Basil 與 InnoPort 合作，讓初創公司與中大學生進行 marketing practicum 活動。（圖片提供：ORKTS）

「墨菲定律」（Murphy's Law）的啟發：「墨菲定律並不是指壞事一定會發生，而是指該發生的事情終究還是會發生。」這種對人生偶然性與必然性的辯證理解，塑造了他今天從容自若的工作與生活態度。

「Emo」也是靈感：Basil 的創意哲學

許多人談起「創意」時，總覺得這是一種神秘又遙不可及的天賦，好像只有少數人能捕捉靈感。然而，Basil 卻用一個耳熟能詳的詞——emo（Emotional），為創意下了一個別開生面的註解。

「其實現在很多人都會覺得自己很 emo，無論是因為社會環境、生活壓力還是各種原因，大家的情緒都變得更敏感、更容易被觸動。但我覺得，這其實是一種祝福。」他解釋道，情緒化並不是負面的，而是靈感的起點。

「Emo 代表你有這方面的觸覺，能夠感知和承認自己的情緒，無論是開心還是不開心。」在 Basil 眼中，創意並非高高在上的天賦，而是通過對情緒的挖掘和放大，將感受轉化為有意義的產物。他補充：「只要你有情緒、夠感性，就已經代表你腦子裡可能有一個 idea，只等你用對的方法將它釋放出來。」

「其實早在 2018 年 *Forbes*（《福布斯》）的調查指，現代人在消費

Basil 獲邀參與 CoCoon Foundation「賽馬會浩觀青少年創業培訓計劃」，亦會到訪中學分享，經常接觸新世代。（圖片提供：受訪者）

或選擇上看重公司的理念，講求『共感』，不是一買一賣，所以就算有再好的理念，社企和企業也需要懂得講好自己的故事，與用家建立長遠關係，只關心自己的產品和業務是『捉錯用神』。」Basil 還將品牌管理中的「創意」幽默地代入人際關係中：「一間公司如果缺乏故事，就好似一個富二代炫耀自己有多少名牌，卻沒有打動人心的內容。」好的創意和故事，就像追求伴侶時表白：「你不會只跟對方說你有多少錢，而是會談你的經歷、你的感受，讓對方覺得你們有共鳴。」同樣，品牌也需要用故事去與消費者溝通，而不是冷冰冰地宣傳自己有多厲害。

從品牌到社企：用故事擺渡社會價值

「曾有一位廣告人問我：『你想做廣告，是喜歡這個行業，還是純粹喜歡當中所謂 chill guy 的生活？』對於廣告，我不時思考當中的意義，及我對它是否『真愛』。」

廣告被許多人視為一種商業行為，但 Basil 認為，它不僅僅是營銷工具，更是一門社會科學。「廣告是文化與潮流的折射，它能表達一個社區的故事，也因為社區的發展而不斷演變。」Basil 於 2023 年開設個人品牌顧問公司 Elio Brand Consultancy，Elio 在意大利語是「太陽」的意思，意味致力為品牌注入傳統文化底蘊及未來潮流觸覺，讓每個品牌發光發亮。

Basil 經常與各種社企、非政府組織和社區組織接觸，例如自強協會，並深深被他們的熱情和為弱勢社群奉獻的精神所感動。他認為，社企同樣需要善用創意品牌管理，講好自己的故事，讓「為社會行善」這一核心價值更有感染力。「品牌管理不但能讓社企引起更多關注，還能提高商業效益，創造共享價值，實現商社共贏。」對於 Basil 而言，這是一種社會創新——以故事為橋樑，讓商界、品牌、社區和社會之間的連結更緊密、更有力量，他希望每個人不再是旁觀者，而是參與者，以行動惠及社會。

他強調，未來的趨勢是「去中心化」，每個社區將擁有自己獨特的文化與宣傳方式，這讓品牌管理與故事講述變得更加重要。以元朗的一間名為「幸福森林咖啡館」的品牌諮詢項目為例，講述了如何將一個簡單的名字轉化為動人的故事。「我發現咖啡館的重點不僅僅是咖啡，而是透過開設課程幫助 SEN（特殊教育需要）小朋友，為社區帶來了一種獨特的溫暖氛圍。」他深刻體會到，真正打動人的不單是一杯咖啡，更是它背後的意義和情感連結，自然能吸引對它產生共鳴的人。

Basil 為位於元朗的幸福森林咖啡館打造品牌故事（圖片提供：受訪者）

在品牌故事講述中，情感反應（Sentiment）的概念尤為關鍵。他將這個過程比喻為「調控火溫」——既要讓品牌的資訊能被普羅大眾接受，又要保留其獨特性。「我們追求的是和而不同：找到一個共同的切入點，讓人們覺得易於入口，但同時也能發現品牌深層次的獨特價值。」

回望過去，在 happy school（以愉快學習為本的學校）長大的 Basil，時常提起除了自己開心，亦希望身邊的人、甚或至整個社會開心，Basil 雖像一個穿梭不同身份的旅人——教育者、創業者、社企合作伙伴——卻始終行走在同一條軌跡上：用創意與信念推動改變。他認為未來教育應在「無邊界」、「無框架」的格局之下讓學生自由共建知識，適應變局；企業則須成為社會使命的主角，以關愛員工與社區為核心，構建更美好的未來。

這位追求真善美的「新傳人」，他如何保持創意觸覺？「Self-learning 很重要，因為自從 AI 出現，知識和技術的轉化速度很快，根本沒時間讓你去等待或依賴二手資訊認識世界。記得學習未來的遊戲規則，和保持持續改變的心態。」

而對於年輕創業者，Basil 更是寄語：「不要太執著於 career planning，要有『輸得起』的勇氣。」正如電影《KANO》中的那句對白：「不要想著贏，要想不能輸。」這種心態，讓他在人生路上，走得更遠，也看得更深。

周思驍
中大工程學院信息工程學系助理教授

白帽駭客修補網絡安全漏洞，冀機構與公眾提升防範意識

16

虛擬世界比我們想像的要脆弱。一旦私人資料外洩，便難逃變身「透明人」的命運，被黑客扯下最後的皮囊，一絲不掛。小到電話騷擾，大到敲詐勒索，足以令社會不得安寧，人人生活在惶恐之中。2023 年 11 月 14 日，香港個人資料私隱專員公署及生產力促進局共同公佈該年度「香港企業網絡保安準備指數及私隱認知度」調查報告，顯示本港企業網絡保安準備指數錄得歷來最大跌幅，7 成受訪企業遭受最少一類網絡安全攻擊，以釣魚電郵、電話、SMS 形式為主。公署截至 2023 年 10 月底，收到 119 宗資料外洩通報，修訂私隱條例迫在眉睫。

有一群名為「白帽駭客」（White Hat）的 IT（Information technology，資訊科技）人，每天在系統中尋找安全漏洞，與黑帽駭客（俗稱「黑客」，Black Hat）的手法幾乎一致。但他們不為攻擊勒索，而是如神鵰俠侶般「左右互搏」，自己 hack（入侵）自己，只為在黑客下手前發現漏洞，協助修補，避免悲劇發生。中大工程學院信息工程學系周思驍教授（Prof. Chau Sze Yiu）及其學生團隊 Doria 和 Cousin 三位「白帽駭客」日以繼夜在虛擬世界填補漏洞，守護元宇宙的安全，化解現實生活中的資料洩露危機。

網絡安全非小事

中學時期，周教授就對網絡安全議題十分感興趣。在打打鬧鬧、惡作劇連天的歲月，還是學生的周教授就做了不少「友善的攻防」，理解了信息安全屏障的脆弱，也令他更有興趣進一步研究：「怎樣可以做好一點，幫助身邊的人，以及幫助社會上不同階層的人。」

小到遺失電腦產生的數據外洩、VPN（Virtual private network，虛擬私人網絡）軟件竊取公司機密，大到世界各地大機構信息洩露，尤其近年本港多間機構接連「中槍」，大企業、小市民也難以倖免。周教授閱「案」無數，深知網絡安全事件對社會帶來負面影響。一次對公共供水網絡系統的入侵，足以毀掉一個向數千戶家庭供水的水泵，或是輸出氫氧化鈉含量逾 100 倍的「毒水」；一次對電力公司的勒索攻擊，足以使一座城市陷入黑暗半日；一次對掌握大量數據的大機構的盜竊，足以令幾百 GB 個人資料成為明碼標價的商品。數之不盡的「資安事件」一旦得逞，便能無差別地踐踏人們的隱私，甚至性命。

在美國普渡大學（Purdue University）修畢計算機科學博士課程，再在 2020 年到中大授課，周教授運用自己在信息工程領域的專業知識，帶領學生團隊捕捉網絡安全漏洞，希望快黑客一步，及時補救。

團隊協作，身負社會責任感

網絡安全研究究竟從何入手？周教授通常以宏觀的角度策劃研究方向，並根據團隊成員的長處和背景安排他們在不同範疇內（例如通訊軟件及辦公軟件等）做白帽駭客。團隊的日常工作是在個人負責的領域內做系

上：中大信息工程學系劉永昌教授（左）及周思驍教授（右）於 2023 年 10 月出席記招，他們分別發現人臉識別模組及 Wi-Fi 設定操作指示的安全漏洞。（圖片提供：中大傳訊及公共關係處）

下：周教授（中）及學生 Cousin（左）和 Doria（右）。周教授表示歡迎更多有志之士加入白帽駭客的行列：「Hack 是 hack 不完的，總會有新的問題。」（圖片提供：ORKTS）

統式調查，比較市面上的不同產品，分析產品優劣背後的原因。周教授及團隊力求調查之深入，試圖通過不同角度、層次尋找漏洞，以致研究項目通常都長達 1 年。除了電郵和 VPN，還有很多不同生態有待深入挖掘。

周教授能從發現並解決問題中獲得滿足感，直言有團隊的支持總比單打獨鬥好。與周教授並肩作戰的學生 Cousin 也十分欣喜自己能提供不同視角的觀點，為教授的研究項目添磚加瓦。

窮追不捨，都是本著一顆良心，一份社會責任感，只為在潛伏的黑客攻擊前搶先一步，清除漏洞的威脅。周教授也希望這份責任感能代代相傳，無論團隊成員未來選擇哪條路，都能繼續為網絡安全建設出分力。

情商與智商

從事網絡安全研究需要具備良好的思維邏輯、密碼學等知識基礎，亦即擁有較高的智商，其實情商也極為重要。周教授認為耐性和溝通技能都必不可少。

「代碼本來不是你寫，導致你要花很多時間猜測和嘗試。這個過程非常花時間，相當考驗耐性。」不怕耐性爆棚，就怕黑客比你還有耐性，於是團隊常常沉醉於試驗中，廢寢忘食。團隊成員 Doria 常常尋找漏洞，一試就試到凌晨三四點，甚至一有靈感，連星期六日都會回到辦公室繼續。

一旦發現漏洞，周教授及其團隊必會盡力與存在漏洞的機構取得聯繫，但這並非一帆風順。大企業或許會透明處理，及時更正，還給予獎金感謝。「Android 和 Chrome 曾接受我們的建議，發佈了軟件修補程式，而 Google 給我們超過 15 萬港元的賞金。」

但中小企業的應對態度就參差不齊。團隊試過打長途電話，反而被質疑

周教授的研究團隊於 ACM WiSec 2023 會議上贏得最佳論文獎（圖片提供：中大工程學院）

好心辦壞事；也試過傳統的通訊方式，發傳真，寄掛號信，但也石沉大海。與廠商的溝通十分考驗情商：「他們有種『家醜不外揚』的感覺，我們要說服他們：你是在幫他們提升品牌信用度，而不是害他們。這是團隊成員花了很多時間、心機、精力，出了很多血汗的過程。」

網絡安全的危機和機遇

近年中大資訊科技服務處更新 VPN，原來有段故事。周教授團隊透過分析全球逾 2000 所高等院校的 7000 多份 Wi-Fi 用戶手冊，發現約有 86% 的院校，有至少一項操作系統指示，會令用戶採用不安全的 Wi-Fi 設定。研究團隊測試了全球 132 個被採用的 VPN，發現近半存嚴重漏洞。而在約 2000 份世界各地高等院校的 VPN 用戶手冊中，研究團隊亦發現有 300 多份存在設定問題，導致用戶可能會被黑客輕易盜取密碼。

白帽駭客雙手揮揮，頓時面目全非。周教授團隊研究中大的 VPN 軟件後，中大因而更新了 VPN 軟件，為山城建立更堅固的數位堡壘。

市場上，公司、機構、醫院、學校紛紛依賴網絡安全產品去維持日常營運，大大小小的企業亦須重視網絡安全，以抗衡瞬息萬變的營商環境，這無疑是一個充滿潛力的商業機會。在中大，網絡安全研究人才與技術俱備，無疑是知識轉移、把研究造福社會的契機。

周教授認為值得成立一間網絡安全相關的社企，以實惠價錢為企業提供「顧問」服務，同時，讓學生有機會將理論付諸實踐，接觸客戶，並應用他們的知識解決現實問題。

軟件程式推陳出新，黑客入侵手段多變，網絡安全研究者也要與時並進，保持永不言敗精神。「我們整天都說 attacks only get better（入侵只會使我們愈來愈強）。有新挑戰、新陷阱，就有新機遇。」

或許用情太深，周教授變得愈發悲觀。「樂觀的人可能整天想事情會怎樣變得更好，可能我們就比較多會想：可能會出事，會壞，會爛，會被人 hack。」看來太過著緊，也會帶來煩惱，以致周教授身邊的朋友都勸他想開一些。

希望人人合格，爭取高分

回歸問題本質，最好的方法還是提升全社會的信息安全水平。周教授認為個人與機構都需要力爭做到最好。

「網絡安全說到底，都是人的問題，無論是人們開發軟件的時候出錯，或者人們使用時出錯。尤其人還常常抱有僥倖心態。」普羅大眾雖然很難完全阻止所有攻擊，但可以多關注時事，逐步提升網絡安全意識。當網站、應用程式詢問是否提供個人資料時，不妨考慮如何盡少提供，以保護個人隱私。「不要別人問你給不給，就全部都選『給』。」同時見到可疑的彈窗，也要在點擊「確認」前三思：是不是真的要繼續呢？不求所有人都做到 100 分的完美，但是「平時拿 40 分的，現在可以拿到 60 分，都是一種進步」。

更高層面來看，無論是公司企業還是政府部門，都應該摒棄傳統思維，認真審視現時網絡安全的保護是否足夠，以應對日益嚴重的網絡攻擊，慎防因網絡安全漏洞造成無法預估的損失。同時機構也應該開通更完善的溝通渠道，制定事故應變的措施，以開放態度接受白帽駭客的善意提醒。

網絡攻擊日增，破壞人與人之間的互信，周教授認為大家更應通過提高網絡安全意識主動建立信任：「如果大家的分數都很高，攻擊者就沒那麼容易入手，其實我覺得有助在整個社會建立信任。」

頭頂「白帽」，修補網絡安全漏洞已是「黑帶」功夫。久坐挽救虛擬世界，腰痛有時。周教授和團隊成員又一次定下了那個舊目標：新的一年，要一起多做運動。但我們知道，只有當大家的安全意識提升，周教授才會離他的目標更進一步。當然，這也肯定不是他新的一年裡想達到的唯一目標。

高等院校固然要保證自身網絡系統的安全。若能再主動付出時間和精力，為其他機構、企業「排雷」，更是十分難得。周教授團隊幾年來如一日的付出有目共睹。他們將繼續秉持 IT 人的社會責任感，與社會各方一同努力，作為守護資訊安全的燈塔。

中大工程學院信息工程學系自 1989 年由「光纖之父」高錕教授創辦以來，一直推進香港網絡安全進步，以至全球互聯網及資訊科技的發展。在新的信息時代，相信周教授和學系師生會繼續協力研究，積極貢獻社會，建設一個安全和智能兼備的互聯世界。

政府資訊科技總監辦公室和香港互聯網註冊管理有限公司 2022 年舉辦了「Cybersec Infohub（網絡安全資訊共享夥伴計劃）周年專業工作坊 2022：重新思考你的網絡安全策略」活動，促進學術界、科技界與企業機構交流。（圖片提供：數字政策辦公室）

知識轉移學生大使感言

高綽彤　中大新聞與傳播學系學生（碩士）｜影片製作

參與 *CubicZine* 影片製作讓我們以第一身視角，細聽多個團隊將學術研究轉化為具體社會行動的歷程。過程中，不僅感受到中大對社會創新的支持，更體悟到突破思維框架的影響力。不同領域的知識光譜在鏡頭下交匯，展現出超越傳統研究的可能性。

受訪的多個中大社創團隊進行跨領域、跨學科合作，匯集不同專業背景和知識。面對社會問題，不再侷限於單一學科的視角，而是從多維度剖析，共同尋找創新方案。

正如社創團隊一樣，InnoPort 團隊跳出傳統模式，設立知識轉移學生大使計劃，讓中大同學參與 *CubicZine* 製作，倡導跨世代合作。來自不同學科領域的學生亦有機會各展所長，在思維碰撞中激發火花，呈現出更豐富的《學人搞社創 2.0》故事。

陳燕琳　中大新聞與傳播學系學生｜影片製作

在 InnoPort 的這一年間，我們以文字和影像真實記錄。教授將專業知識轉移作社會應用；而我們亦將教授創立社創的經歷轉移成不同的社會故事。由不同的角度呈現出創新精神與社會責任。教授們在課堂之外，如何默默將專業智慧融入社會實踐，促成知識向現實生活的流動。這種低調而持續的人文關懷，或許也悄悄地影響著我們。負責向他人播種的不必是我們，小人物也不一定要做大事。但正正是這些小人物們默默堅守本分，才讓每一粒種子都有發芽的機會。

黃翔堃　中大全球研究系學生｜寫作及翻譯

非常感謝中大研轉處開設的學生大使計劃。每一期 *CubicZine*，都是中大社創人、研轉處團隊與我們大使共同努力的成果。共創的過程非常美好，我們從不同視角聆聽社創故事，並呈現給讀者。中大對社創的支持，不僅體現在資金上，還包括創博館的硬件與軟件支援，這些都鑄造了一個又一個書中的故事，並鼓勵更多中大人了解並加入社創。從書中的故事，我看到了一團團火，社創人的熱情與研轉處的用心融合在一起，綻放出山城的一個個社創史詩。

丘月荔　中大英語文學研究系學生（碩士）｜寫作及翻譯

加入學生大使計劃這半年，收穫良多。每次參與 *CubicZine* 採訪，不僅是記錄故事，更在理解社會創新的本質。從前覺得「創新」需要宏大的構想，如今才明白，真正的改變往往始於對細微社會問題的覺察，以及踏實的行動。

中大的社創生態讓我印象深刻。研轉處不僅提供資金和創博館的硬件支持，更透過跨學科協作打通資源壁壘。無論是教授為新創團隊提供專業指導，或是校友網絡促成合作，這些「看不見的支撐」才是社創計劃生根的關鍵。身為學生，我有幸成為連結校園與社會的橋樑，在整理訪談時，也常被創業者樸實的堅持觸動。這段寶貴經歷像一場田野實踐。我學會了用更落地的視角看待創新，也意識到社會需要的不僅是創意，還有將創意轉化為現實的耐心與韌性。

梁芯愿　德瑞國際學校

我這次實習最難忘的經歷，絕對是能夠協助訪問盧海珊教授。那場訪談真的讓我大開眼界，我很享受聽她講述自己當護士的經歷，以及她如何因為這些經歷而想幫助手部痙攣患者，利用手部按摩和虛擬實境來改善他們的生活。整個訪談持續了兩個小時，讓我接觸到一個冷門但同時又很重要的議題，這也引起了我很大的興趣。我還有機會提出自己想知道的問題，真的很開心能參與其中。

筆者感言

翻開報章，打開網絡，經常充斥很多聲音投訴社會不夠好、系統不夠完善、香港空間太少。其實一浪又一浪的山城脈動，一個又一個研究轉化，早已日以繼夜發起行動。我們走訪16位「學人」，面對人生種種選擇、變數，最令人感動的是他們面對挑戰時的堅韌和奉獻。每次完成一期訪問，都溫暖著我們團隊的心。學人的熱誠，成為中大獨有的人文風景，期望本書亦能成為你生活中的溫暖源泉。

本書匯集了中大研究及知識轉移服務處旗下電子報 *CubicZine*（中大社創志）的定期專訪，為2023年出版《學人搞社創》的「第二棒」，接力把中大好故事推廣出去。Cubic象徵著立方體：人無完美，但我們從學人的故事看到，他們在人生路及創業路上，追求全方位發展，將學術知識和創新融合，以跨合作方式共創，帶動社會向前進步。

只要你細心閱讀，你會發現他們不是「贏在起跑線」的人，而是靠信念打天下。邵鵬柱教授春風化雨逾30載，提醒我們「做人最緊要有動力！」。筆者發現學人的精神是迎難而上，有社工系教授通宵達旦為智障朋友度身訂做手機應用程式，有遺傳學教授為罕見病患者四出找資金研發AI留聲工具，有護理系教授大熱天時上門推廣中風人士手部復康運動，有建築系教授每周攀山涉水只為香港復建鄉村。研究，不再是遙不可望，這些學人將「知識轉移」為實際行動，將學術帶入社區，為社會指引新的方向。

《學人搞社創 2.0》能夠成功出版，實在感謝管理層的支持和信任，一眾知識轉移學生大使亦功不可沒，他們在學習社創知識的同時，透過優秀的文筆和用心製作的影片，為讀者呈現了創新活力的視角，帶領讀者縱走精彩的山城社創之旅。面對世界的變遷，我們堅信創意和傳承的力量，希望本書的 16 篇精華故事能為你帶來新的啟發和動力。

方嘉欣　中大研究及知識轉移服務處傳訊主任

附錄一

研究及知識轉移服務處
Office of Research and Knowledge Transfer Services

中大研究及知識轉移服務處 ABOUT ORKTS

中大研究及知識轉移服務處為中大學者及學生提供研究經費、產研合作、研究合約、智慧財產權的開發與授權、倫理政策、知識轉移等各方面的支持。研轉處希望匯聚豐碩學研成果，鞏固中大創新創業圈的獨特優勢，將更多「知識解鎖」，惠及各個社群。

共創空間
Co-Working Space

指導及孵化計劃
Mentorship & Incubation Programs

資助及投資機會
Funding & Investment Opportunities

活動場地及配套設施
Event Venue & Facilities

知識產權諮詢服務
IP & Legal Consultation Services

工作坊、研討會及講座
Workshops, Seminars & Talks

宣傳及推廣頻道
Marketing & Publicity Channels

CUHK INNOPORT

中大創博館 ABOUT INNOPORT

中大創博館（InnoPort）於 2020 年落成，位於港鐵大學站旁邊的博文苑；隸屬於中大研轉處，設有工作共享空間、展覽廳、會議室等，以創新創業兩大元素推動不同活動，凝聚中大教授、學生及業界，鼓勵跨學科合作，發揮「知識轉移」的最大影響力。（如欲聯絡創博館及其伙伴，可見附錄二圖。）

地址：新界沙田香港中文大學博文苑創博館（港鐵大學站 A 出口左轉，直行兩分鐘）

網址：https://innoport.cuhk.edu.hk/

中大社創資助計劃

中大推出知識轉移項目基金（Knowledge Transfer Project Fund, KPF）及可持續知識轉移項目基金（Sustainable Knowledge Transfer Project Fund, S-KPF），致力培育學者主導項目，連結各個伙伴單位，策劃多個社創計劃，使中大創新生態更為完善。

KPF 是什麼？

KPF 是中大推出的資助計劃，由教資會知識轉移經常性撥款啟動，2017 年起並獲社創基金共同支持。KPF 旨在支持由教授帶動的社會創新項目，讓學術知識得以轉化為實在社區行動與應用，創造社會效益。KPF 重視項目與民間組織的伙伴關係，以及與社群的互動，而非單向傳播知識。

資助金額最高共 40 萬元，為期 1 年半至 2 年。申請者須為中大的全職教研人員，而所有中大職員、學生及非中大人員均可成為團隊成員。

S-KPF 是什麼？

S-KPF 提供資金與培育計劃，旨在支持中大教研人員將社會創新點子轉化為可持續的社會企業。由構思理念、建立團隊、設計營商方案，以至市場分析和推廣，我們將與獲選團隊肩並肩，應對各種創業上的挑戰與機遇，一同創造社會價值及效益。

資助金額最高共 60 萬元，為期 2 年。申請者須為中大的全職教研人員，而所有中大職員、學生及非中大人員均可成為團隊成員。

附錄二

➤ 中大創博館的伙伴

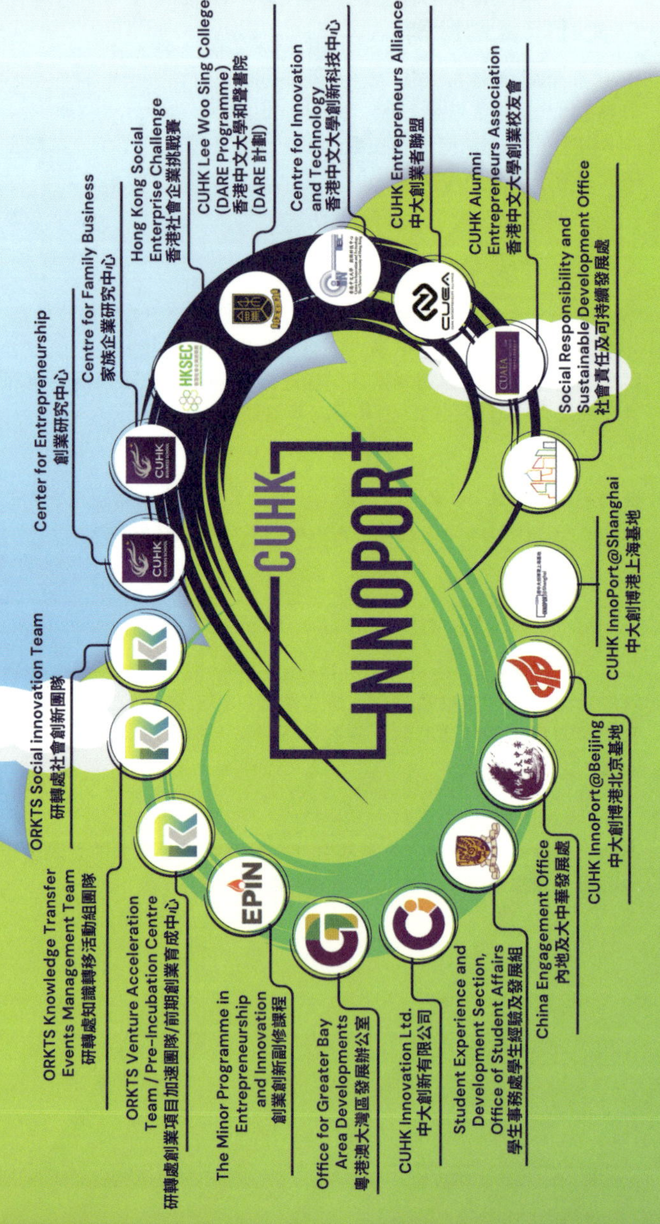

中大研轉處團隊*

InnoPort Team
創博館團隊
innoport@cuhk.edu.hk

Knowledge Transfer Event Team
知識轉移活動組團隊
ktevents@cuhk.edu.hk

Social Innovation Team
社會創新團隊
orkts.si@cuhk.edu.hk

Venture Acceleration Team
創業項目加速團隊
vateam@cuhk.edu.hk

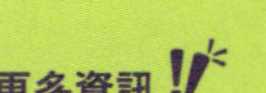
更多資訊

創博館網站

研轉處網站

中大其他單位*

Centre for Entrepreneurship
創業研究中心
entrepreneurship@cuhk.edu.hk

Centre for Family Business
家族企業研究中心
cfb.bschool.cuhk.edu.hk

EPIN Minor Programme
創業創新副修課程
epin@cuhk.edu.hk

Office for Greater Bay Area Developments
粵港澳大灣區發展辦公室
gbao@cuhk.edu.hk

China Engagement Office
內地及大中華發展處
cneo@cuhk.edu.hk

CUHK InnoPort@Shanghai
中大創博港上海基地
shanghaicentre@cuhk.edu.hk

Centre for Innovation and Technology
香港中文大學創新科技中心
enquiry@cintec.cuhk.edu.hk

CUHK Alumni Entrepreneurs Association
香港中文大學創業校友會
info@cuaea.com

CUHK Entrepreneurs Alliance
中大創業者聯盟
cuhkcuea@cuhk.edu.hk

CUHK Innovation Co., Ltd
中大創新有限公司
innovation@cuhk.edu.hk

Student Experience and Development Section, Office of Student Affairs
學生事務處學生經驗及發展組
seds@cuhk.edu.hk

Hong Kong Social Enterprise Challenge
香港社會企業挑戰賽
info@hksec.hk

CUHK Lee Woo Sing College (DARE Programme)
香港中文大學和聲書院(DARE 計劃)
wscollege@cuhk.edu.hk

Social Responsibility and Sustainable Development Office
社會責任及可持續發展處
srsdo@cuhk.edu.hk

*排名不分先後

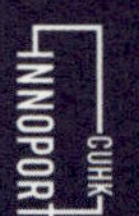

CUHK INNOPORT

責任編輯　羅文懿
書籍設計　Kaceyellow

書名　「學人」搞社創 2.0
著者　中大研究及知識轉移服務處

出版
三聯書店（香港）有限公司
香港北角英皇道 499 號北角工業大廈 20 樓
Joint Publishing (H.K.) Co., Ltd.
20/F., North Point Industrial Building,
499 King's Road, North Point, Hong Kong

香港發行
香港聯合書刊物流有限公司
香港新界荃灣德士古道 220-248 號 16 樓

印刷
寶華數碼印刷有限公司
香港柴灣吉勝街 45 號 4 樓 A 室

版次
2025 年 6 月香港第 1 版第 1 次印刷

規格
大 32 開（140mm x 210 mm）224 面

國際書號
ISBN 978-962-04-5674-9

三聯書店
http://jointpublishing.com

JPBooks.Plus
http://jpbooks.plus